培养孩子

Giving Your Child
the Excellence Edge

10项
优势能力

（美）维琪·卡鲁安娜/著
（Vicki Caruana）

卓加真/译

江西人民出版社
Jiangxi People's Publishing House
全国百佳出版社

图书在版编目(CIP)数据

培养孩子10项优势能力/(美)卡鲁安娜著;卓加真
译. —南昌:江西人民出版社,2007.1(2015.11重印)
ISBN 978-7-210-03545-9

Ⅰ. 培… Ⅱ. ①卡… ②卓… Ⅲ. 家庭教育-方法
Ⅳ. G78

中国版本图书馆 CIP 数据核字(2006)第 158970 号

培养孩子 10 项优势能力

(美)维琪·卡鲁安娜 著

卓加真 译

江西人民出版社出版发行

四川五洲彩印有限责任公司印刷 新华书店经销
2007 年 1 月第 1 版 2015 年 11 月第 2 次印刷
开本:889 毫米×1194 毫米 1/32 印张:5.75
字数:112 千 印数:8001-13000 册
ISBN 978-7-210-03545-9 定价:29.00 元

江西人民出版社 地址:江西省南昌市三经路 47 号附 1 号
邮政编码:330006 编辑部电话:0791-86898702 发行部电话:0791-86898815
网址:www.jxpph.com
E-mail:jxpph@tom.com web@jxpph.com
(赣人版图书凡属印刷、装订错误,请随时向承印厂调换)

目　录

前　言　改变人生的十项能力 / 001

第1章　父母是孩子的最佳老师 / 001

第2章　追求品质的优势能力 / 009

第3章　独立学习的优势能力 / 025

第4章　创意思考的优势能力 / 039

第5章　批判思考的优势能力 / 053

第6章　信息管理的优势能力 / 071

第7章　乐意合作的优势能力 / 087

第8章　有效沟通的优势能力 / 101

第9章　自信领导的优势能力 / 119

第10章　时间管理的优势能力 / 131

第11章　自我评估的优势能力 / 147

结　语　训练孩子获得成就 / 161

附　录　父母 / 孩子的多元智能量表 / 165

前　言

改变人生的十项能力

　　我曾在佛罗里达州的彼内拉郡学区教书，负责资优教育。当时，我对该课程背后的理念，印象特别深刻。课程中没有任何标准的规划，老师可以自由决定教学内容，对学生因材施教。我常常在教书的时候发现，我所传授的技能，能让所有孩子——包括不同资优程度的学生都获益。

　　接着，在1990年，针对美国政府发表《2000年教育蓝皮书》的一份名为SCANS的研究报告中，概述了许多地区的孩子要成功、成为社会上有用的人，所必须具备的能力。于是我开始将这些基本能力融合到教学计划中。而我同时发现，这些能力不但是每个孩子都能轻松学习并从中获益，而且这些成功的基石，竟与圣经上的教诲息息相关。

　　然而，我最大的收获是，过去我不知如何将这些基本能力用来指导孩子，但从自己教养两个孩子开始，这些观念改变了我们的生活。因此，我以最大的热忱，希望能让更多孩子了解这些以圣经为基础的观念。我的任务是帮助父母，将孩子在家中、学校及社会的教育连结在一起。由于这些观念都是以普世的真理为基础，因此不分种族、教派，对父母和孩子、学生和老师来说，都很适用。

　　我相信，本书能够让父母善加运用孩子的内在潜力。在阅读完这些章节之后，我想你也会和我一样，了解这些简单的原则，有着强大的改变力量。我希望家长能和我同样发现，引导孩子走向杰出是值得的投资。

每个孩子的优缺点均不同，我设计的内容，能够让父母选择孩子最需要的部分，予以加强。每一章的活动设计，目的在于让父母能够轻松愉快地鼓励孩子。每天只要花一些时间，就可能让孩子达到自己所设定的目标。接下来我们会讨论到，不论好坏，你已经选择成为孩子的"终身教练"。你必须以身作则，让这些成功的种子开始成长。你也会发现，"练习"是传授这些技能的秘诀。我邀请你一起重新发掘书中的十项技能，让它们带领你迈向成功、成熟的人生。

我们都希望孩子能够出类拔萃。培养这十项能力，将会让他们的人生变得不一样。

第1章

01

父母是孩子的最佳老师

你知道吗？孩子的第一任老师正是你——孩子的父亲或母亲——你的价值观和做事方式，在日复一日的家庭生活中，潜移默化地影响着你孩子的言行举止……

"你今天在学校学了些什么？"

"不知道。"

"拜托，你们一定学了些东西吧。你们都在做些什么？整天坐着和同学对看吗？"

"对呀。"

你双手插腰看着儿子。孩子疲惫的身躯陷入沙发中，整个人专注在卡通里。如果从孩子的角度来看，会发现他竟然试着遗忘学校里的一切。你不过只是想知道在学校里发生的事情，但对孩子来说，你问问题的方式好像在逼供。

从另一方面来看，如果你从不问孩子学校里所发生的事情，对孩子来说代表着什么样的讯息呢？你所传递的讯息，表示你很重视他们的教育？还是你对他们的课业很感兴趣呢？或者孩子认为你跟他们一样，根本不在乎他们的课业？

身为老师，我看到当其他人正吹嘘自己得到最差的成绩时，有些学生却因为没像平常一样得到"优等"成绩，而痛苦不已。我曾惊讶地想，这些表现不好的学生的家庭，到底是怎么回事？他们从父母亲身上，学到了什么行为与态度呢？

事实上，孩子的确能从父母身上，学到人生中重要的课题——包括教育的重要性。这个我们都知道，但很少父母能够真正了解，并且身体力行。

想一想：今天，孩子从你身上学到了什么？

如果你回答不出来，恐怕很多人跟你是一样的。对于大部分的立，以及特殊私校与正规学校资优班的出现，当然，有了这么多选择也表示，父母在作决定之前，必须仔细了解各种学校的状况。最后，请记得，抉择也是可以有弹性的。如果对孩子没有帮助，随时可以再思考、重新决定。

父母需要积极参与

想要参与孩子的教育，并不需要真的成为孩子学校里的老师。但如果要达到效果，父母绝对比每星期一小时的教室义工还重要且有影响力。研究显示，父母对孩子教育的参与程度，与孩子的成功有直接关系。不过，根据最近美国教育部的研究显示，91%的老师认为，父母对孩子的教育的参与不足，仍是一个问题。

父母必须了解，参与孩子的教育和他们生命中其他事情一样重要，并且同样需要花心思。一如我们积极保健，不断接收相关知识，同样地，父母也必须积极参与孩子教育，了解相关问题。如果你所谓的参与，只是将孩子送至校门口，然后认为一切都没问题了，放学时再去接孩子，那么，你根本不算参与孩子教育。如果想要消息灵通，就必须参与其中。以下是父母亲参与孩子教育的三个主要方法：

多方了解孩子在校的情况

有很多方法可以让你注意孩子在学校的情况。想知道学校到底教了些什么，则要听听学校的说法——而不只听孩子的说法。孩子从学校带回来的资料，像是家庭作业或是家校联系簿，都要详加阅读，还可浏览学校的网站、参加亲师会议，甚至加入学校的家长会。在出现问题之前，先与学校的老师沟通。把握住孩子愿意谈话的时间——在睡前或是在车上。要花功夫！如果你努力的话，就永远不会说"我怎么都不知道",或是"我怎么没注意到"。

增加对教职人员的熟悉度

大部分的父母只在特别活动时,才会到学校,然后便不再出现。但是只有在父母走入学校办公室时,才算是在参与孩子的教育。为了增加与孩子学校教职员的熟悉度,你必须自愿拨出时间在学校当义工。你可以在孩子教室以外的地点,从事义工服务或是帮忙筹备活动、募款,以实际行动,对参与孩子教育的人表达感谢。食物的效果很好,特别是甜食!因为你经常出现,当发生问题时,教职人员可以马上联系你。如果你够友善,他们也会乐意提供一些内部消息。

成为孩子最好的支持者

"支持者"这个词的意义很多:可以是"援助者"、"战士"、"追随者"、"资助者"、"拥护者"、"救星"、"发言者"、"赞助者"。这些字都隐含主动的意味。当你"拥护"某人,你会信任他们,也听信他们的话,更会主动、特意地提升他们的利益,并保护他们的名声。孩子还没有能力成为自己的支持者。因此,要由父母支持他们所追求的目标,跟着他们的学习脚步,资助他们的才华;提供他们所需,使他们免于危险,并为他们的权益发声,支持他们的努力,以达到成功。他们自己也会从中学习,对他们的孩子做同样的事。

记住,不管你选择任何一所学校,都会有出问题的时候。这是生命的自然现象!但是如果你能觉察,常常出现于校园中,且支持孩子,那么,你就能在出现问题的时候,立即解决问题。孩子也会从你的努力中学到如何生活在这个世界上。

这不就是教育的真正目的吗?

选择特定的学校

时至今日，选择学校变得越来越困难了。从前，你只要跟其他人一样，注册就读附近的学校，不需要作什么决定，不需负什么责任，也不需事先了解状况，然而，这种时代已经过去了。在今日，父母得先记住，多样的选择并不代表是更好的选择。然而，我们如何能顺利完成整个过程，不被潜在问题给打倒呢？

在帮孩子注册入学之前，先自问下列几个问题：

1. 这所学校会鼓励我的孩子成为什么样的人？

2. 孩子主要的学业、社会、情绪需求为何？他的各种需求能够在这个学校的环境中得到满足吗？短期来说可以吗？长期来说可以吗？

3. 学校的氛围能否帮助孩子成长，还是阻碍他成长？

4. 身为父母，我能够对这所学校有多少贡献或建议？

5. 如果父母不认同学校的决定，可以有哪些其他的选择？

6. 需要参与多少程度，孩子才能成功？学校是否支持或鼓励这种参与感？

7. 学校对父母有何期望？

8. 父母对学校、教师有何期望？这些期望合理吗？

父母或许需要花一些时间找出答案，但这绝对是值得的。孩子学到什么和学到多少东西，与父母所花费的时间与精神，有非常大的关系。父母可能意识到，这些责任可能令人裹足不前，但不要再推卸责任了，也不要让这个责任吓坏自己。学校知道哪些父母的投入参与，也会听听这些父母的意见。

加油！你已经迈出了为教育孩子努力的第一步。

第2章 02

追求品质的优势能力

你的孩子希望在别人眼中成为什么样的人呢？孩子是只求勉强
过关还是愿意加倍努力做到最好呢？

什么是"品质"？品质是受重视的，经常被期待的，也是顾客满意或不满意的最重要指标。品质着重的不是我们做了些什么，而是我们怎么做。总而言之，品质是指超出别人的预期——超过我们的责任需求。如果孩子能够尽早致力于追求品质，不仅对他们的发展会有及时的帮助，对日后的成功，也会有所助益。如果父母希望孩子长大后，能够重视品质、做事认真，就要趁他们年幼时帮助他们培养这种能力。而学校就是训练做事认真的最佳场所。

致力于良好品质

追求品质就是致力于不断地改进。从孩子一开始的教育——或说孩子的整个教育过程中——父母的目标应该是帮助孩子寻找进步的方法。但是，如果父母不了解追求良好品质的重要性，便很容易妥协而接受未达标准的品质。努力追求优良品质，就像是"品质管控"一样，表示你不会"退而求其次"。一如消费者希望所购买到的是优良产品，希望别人提供良好服务，及希望看到优秀的表现；父母致力于品质是期盼能看到孩子有杰出的表现。

品质优良的重要性

产品的好坏是生产过程中常讨论的热门话题。不论消费者认为产品是物超所值或是劣质品，他们都希望买到品质优良的产品，这种想法会影响其购买意愿。同样的，工作品质也会影响雇主的决定。在今日，由于工作者的姓名很少直接标示在他们完成的产品、工作上，因此员工对于产品、工作，不会感到自豪。然而，不论是否具名，事情做得不好是事实，而现在或将来的雇主，迟早会发现工作上的不良表现。

躲藏于未达水准的工作背后，是不会成功的。父母必须鼓励孩子，尽可能创造最佳品质。孩子必须了解，学校报告、甚至是每天的家庭作业，都是创造优良品质的机会。他们必须能够隐藏在成品背后，骄傲地说："这是我的最佳作品，请看。"

做事态度显现我们的人格特色，并且建立起我们的名声。你的孩子希望在别人眼中成为什么样的人呢？孩子是那种只要勉强过关就行的人，还是愿意加倍努力做到最好的人？我在教书的时候，可以很快从学生的作业中，了解每个学生的特质。我可以从读书报告或是科学计划中看出，哪些学生了解品质的重要性，哪些学生不了解。有些人是在年纪较长之后，才知道认真工作的价值。你的孩子不应该到这么晚才了解品质的重要性。

维持品质需控制过程

过程和结果同样重要。如果进行的过程跟态度有瑕疵，结果也会是错误的。如果孩子等到学期结束的前一晚才开始写作业，这不但为全家人带来压力，也会大大影响作业的品质。拖延到最后一分钟才开始行动，会让孩子草草了事，或者完全跳过不做，这样的成果一定是大打折扣。

当孩子要做功课或是计划的时候，可以用下列问题引导孩子：

· 如果用心做好，最后的成果会如何？
· 如果认真去做，会花掉多少时间？
· 计划表或是时间表能否有助于计划的完成？

·每天需要花多少时间来完成计划？

每天与孩子一起检查进度，如果需要的话，适度调整计划表。

这看起来或许很麻烦，但在工作上，我们不也常以这种方式完成计划吗？帮助孩子培养追踪进度的习惯，是为他们将来的成功铺路。

评估达到优良表现的项目

"表现"这个词意味着具娱乐性、教育性或是展现才艺的表演。任何形式的呈现，都是一种表现。有时候，孩子必须对一群人说明讯息，这可能是他们工作最后的部分。教室是练习这些表现技巧的好场所。有趣的是，成果和过程经常伴随着表现出现。下列问题，可以定义或评估是否达到优良表现的水准：

·学生在这个主题上的准备是否充分？
·学生是否在限定的时间内完成（如果有时间限制的话）？
·学生在呈现成果的时候，是否使用各种媒体？
·在呈现成果的时候，学生是否以问与答的方式，或是以其他方式，让观众有参与感？
·学生是否有开场白与结论？
·学生对于呈现成果的内容是否有热诚？

何谓优良品质？

对大部分的人来说，最困难的是辨认何谓优良品质，通常是看到后便会知道。许多学生的表现不算优秀，除了有些天生是完美主义者的学生之外，多数的孩子都是希望能勉强过关就好了。这并不完全是他们的错，因为学校的标准普遍降低，有时候，老师根本不会要求学生将作业做好，许多老师认为只要做了就好！所以，得到"优"的成绩和从前的意义大不相同。因此，父母的责任不仅是鼓励孩子将事情做好，而是要让他们有认真做事的观念。方法之一是改变自己的教导方式。不只是要求品质，而是能以身作则来引导孩子。

丈夫奇普喜欢帮助别人整顿家中或是公司杂乱的地方。其实他是空间规划师与设计师，他不但能把一般人觉得"最难处理的地方"复原，还能使它更好。如果有人打电话告诉他不敢打开柜子，因为怕里面的东西太满会掉出来，他会很兴奋。对他来说，越乱越好。有时候，他会带着孩子去工作。工作过程可能会很长、很繁琐。当孩子觉得无聊，不时问父亲："这样还不够好吗？"丈夫便会利用机会，灌输他们追求品质的观念。工作完成之后，客户通常会感到兴奋、惊奇、或是印象深刻，客户对丈夫工作的满意反应，让我们的孩子印象深刻。

父母首先要以身作则，将优良品质与过程表现在生活中。让孩子看到你经历的过程或以良好的态度作计划。接着，尽可能让孩子帮忙，强化他们正确的做事态度。

更明确定义优良品质

尽管孩子了解品质的概念，父母还是需要给予更明确的指示。当你说，"将房间清理干净"时，孩子清楚知道其中所传达的讯息吗？或者，当孩子完成任务时，你是否发现地上还有衣服，柜子也没有关好，床头柜上还有昨天使用过的玻璃杯？在你对孩子有所要求之前，不妨先花些时间和孩子一起讨论你对品质的期望（关于定义品质的资讯，可以参考本章末的亲子活动）。

最近，你是否在要求孩子达到标准上遇到困难？优良品质是父母必须注意，且一再教导与强调的事。尽管我们的孩子在重视品质的家庭环境中成长，还是偶尔会回到过去的坏习惯，这是人的天性。

举例来说，为狗梳毛是小儿子的工作。每次我总得花十五分钟才能完成。但是不知道为什么，小儿子只需要花两分钟就能完成！但是，当我检查的时候，发现只有梳到表面部分，里面的狗毛还是纠结在一起。做得快并不表示做得好！在这个例子里，儿子敷衍了事是我的错：我没有先教孩子该怎么做，而是假设他应该知道。现在，我学聪明了！

达成品质的期望

教导品质观念和期望达到优良品质，是完全不同的两回事。设定期望是一回事，要达到期望又是另外一回事。试着保持前后一贯，并专心一致，花再多时间也要完成。如果现在你让孩子知道你对这些期望是认真的，将来他们的老板、配偶和同事，都会感谢你的。

要达到二流水准的工作品质是很容易的，但要将事情做好却不容易。如果只选择轻松的方式，对自己的人生是不会有什么帮助的。为什么我们期盼孩子把事情做好？因为惟有追求进步，才能改善生活品质。

衡量品质的方法

尽管我们都知道什么是优良品质，也会如此要求孩子和自己，但是我们该如何保持品质呢？以下提供两个方法，让我们可以衡量是否达到自己对品质的期望。

想要知道孩子做事的好坏，最好的方法就是透过家庭会议的讨论。丈夫和我会定期与孩子举行家庭会议，我们称之为"亲子日"。

全家人一起外出吃冰淇淋、吃早餐，或其他点心，同时谈起生活中的表现。

我们发现大儿子做事常常虎头蛇尾。刚开始他雄心壮志，接着便分心或是不再觉得有趣，然后从此不再提起此事。在"品质家庭会议"中，我们可能会讨论如何让他做事时不分心。我通常会提醒他，我们的家规——如果不能提出解决方法就不要抱怨。在过程中，孩子自己会想出改进的方法。此时，你可以看到他们已经积极追求品质了。

在共同讨论关于品质的问题时，要特别注意一件事：我发现同一时间最好不要有两种以上的地方需要改进。我们都有很多地方需要改进，但是一次性将孩子需要改进的地方全部列出，只会使孩子感受到挫折。父母必须了解，孩子养成这些坏习惯，不是一两天的事，所以要改正坏习惯，也不是一蹴而就的。

测量品质的第二个方法，是勤作记录。学校老师采用的方法是以分数记录，若是在家里，最好是列出清单。拿打扫房间为例，可以做一个打扫注意事项的对照表，以监督孩子打扫的质量。将清单贴在橱柜上，或是挂在孩子卧房的门上，也可以在孩子该做这些事情的时候，把清单交给他们。当孩子将清单上的事情一件件做完之后，逐项打勾，父母和孩子便可以确定已经达到预期的目标了。刚开始，清单可能看起来有些制度化，但却非常有效。如果你的孩子不爱整洁又不听话，你会很高兴使用这些方法！

从本质上来说，父母运用这两种方法可以让孩子知道，如何改善他们及周遭人的生活品质。等孩子到了青少年时期在汉堡店打工，发现也有"品质管控清单"要遵循的时候，他们不仅通晓这种观念，更知道要求的是什么！

从"能做"到"做好"

学习如何将工作做好，并非一蹴而就。因此，确立品质与达到挑战的目标是同样重要的。学校老师对品质不甚要求，所以学生并不知道品质的重要性。而即使父母要求品质，也要给孩子一些时间先了解为什么品质如此重要。

知道原因只是第一步，接下来就是要有能力做到。"能做"意味着能达到别人对你的期望。一旦孩子可以证明自己有能力做到，他们便会尽力改善，以达到好的品质。

公式如下：

能做＋改善 ⟹ 品质

父母可以鼓励孩子，但不要命令孩子。我们的目的是要引导孩子达到品质要求，因为这最终可以改善他们的生活。父母应该要让孩子欢喜去做，而不是因为"我命令你去做"。

1. 自我评量

鼓励孩子在宣称完成工作之前，先检查他们已经完成的工作。孩子必须能够说，"这是我做得最好的工作，因为……"。如果他们知道别人的期待是什么，也认为自己已经达到水准，便要能够说出来。另外一个帮助孩子自我评量的方法，则是利用评量表。评量表和清单差不多，也是列出各种能力，但评量表还包括分数，可以衡量每项工作完成的好坏程度。

以下是数学作业的评量表范例：

	S	P
标题	3	3
完整性	3	2
整齐性	3	2
正确性	3	3
成果	3	3
总分	15	13

S＝学生的评量　　P＝父母的评量
分数：0没有　　1偶尔如此　　2经常如此　　3每次如此

2. 自我反省

在孩子为自己评分之后，轮到父母来评分。父母评分时，可能会不同意孩子的评分。这表示孩子对于什么是优良品质的了解有限。随着时间的增长，父母会发现和孩子意见一致的时候越来越多。由于大部分孩子不习惯评估自己的工作表现，因此父母帮助孩子作最后的工作评量，以鼓励孩子对自己的工作负责。学习客观的自我评量，实在是孩子一生中相当受用的技能。

3. 自我改进

这是孩子创造优良品质的最后步骤。自我评估之后，孩子必须花些时间想一想，下次能够如何改进。做家务是训练自我改进的最好机会，甚至连孩子的家庭作业也能够有所进步。当你的孩子无法想出更好的改进方法时，这就表示他已经达到优良品质的水准了！

比方说，孩子要交一篇读书报告。在"能做"和"做好"之间，孩子可能已经有能力写报告。他知道交报告的期限，也开始阅读书籍。孩子不只了解要求的标准，同时也喜欢上英文课，他知道只要自己用心，便可以写一篇很好的读书报告。提醒孩子先列出老师的期望，写报告时放在身旁，这样可以随时注意老师的期望为何。

孩子提早四天完成报告，打算提早缴交。你可以请孩子与你一起分享报告内容，并请他解释为什么自认可以得到"优"的成绩，因为你知道孩子虽然在这一年里能力增进不少，但你还是担心他可能有点怠惰。你们可以一起坐下，让孩子告诉你报告内容，并评估自己是否达到老师的标准。你可以提醒孩子，如果想要更上层楼，可能必须要达到更高的要求，才能得到"优等"成绩。你认为孩子如果只是符合期望，这份报告可能只会拿到"甲等"成绩，因此你鼓励孩子更努力。

但可能因此产生问题。如果老师认为有能力做报告，就能得到"优"，孩子可能不同意自己的报告只得到"甲"。因为，老师说这报告可以拿到"优等"成绩。即使老师接受这样的报告，父母仍旧可以激励孩子，引导孩子自我改进。提醒孩子，当他们进入职场，或是谈恋爱的时候，会希望自己能够超越标准而引人注意。趁机让孩子知道，超越期望能为他们现在和将来的生活，带来胜利的成果。

老师的期望	超越期望
1. 长度—2页	1. 长度—2.5页
2. 书写整齐	2. 打字、编排
3. 以一句话说明每个主要角色的名字，并加以描述。	3. 以两句话说明每个主要角色的名字，并加以描述。
4. 以一句话说明背景	4. 以两句话说明背景
5. 列出配角	5. 列出配角，并加以描述。
6. 以三个段落说明剧情	6. 以五个段落说明剧情
7. 回答关于价值及相关问题	7. 回答问题并提出例证
8. 推荐阅读此书	8. 推荐阅读此书及同类书籍

父母可以用下列问题，引导孩子了解品质的观念：如果孩子能交出长一点的报告，是否能够改善老师对他的期望？或许能够设定下列目标：

当孩子努力改进读书报告，便能够得到自豪的"优"。"能做"加上"改善"等于品质。

父母学习时间

在引导孩子追求品质之前，重要的是本身是不是要求品质。在工作上、在家里、在人际关系上，你是否也会如此要求？这项作业是要让父母成为自己的"品质管控者"。请以"是"或"否"回答下列叙述。

· 我了解自己的优、缺点。
· 我知道自己可以改进的地方，并且朝这个方向努力。
· 别人对我建设性的批评，我愿意接受而不自我防卫。
· 我对自己的工作表现很有自信，愿意为我的工作背书。
· 家人和朋友可以信任我能实现承诺。
· 当别人产生良好的品质时，我可以看得出来，且会让他们知道我已注意到了。

就我们追求质量一致的标准，而开发出一种新的自我意识。一旦我们能掌握，便能够鼓励孩子也培养这种自我意识，进而为他们将来的进步，打下稳固的基础。

从三方面进行

当我们结合工作和品质时，会开始注意成果的品质、过程和表现。现在就展开行动，从三方面为孩子介绍我们对品质的要求。

家庭方面

（表现）做家务事是早期培养孩子品质观念的最佳训练方法之一。父母应经常期待孩子将事情做好！确定你已清楚传达要求的事项，且所指派的工作符合孩子的年纪和能力。

以身作则：让孩子看到你是如何做家务的。告诉孩子，有时候你也要做不喜欢做的家务，但你还是会努力将事情做好。

学校方面

（过程）家庭作业与特别计划的目的，在于引导学生透过优质过程，以达到优良品质。确定孩子有足够的时间完成有品质的工作。如果时间对孩子来说太紧，而无法做好，那么必须减少其他的责任或是活动。

以身作则：父母是否有时会在家中做自己的工作？是否曾经在家准备课程或是读书会的内容？父母是否也在上课，或是必须交其他类型的"家庭作业"？让孩子看到你是如何改进的。

工作方面

（表现）孩子是否准备好打零工？如果工作内容是帮邻居整理草坪，可以事先与对方沟通对品质的期望。如果是在附近商店从事货物上架或是面对客户的工作，孩子则必须知道经理对工作品质的要求，然后认真工作，超出经理的期待。

以身作则：在职场上，你对品质的期望是什么？如果你发现别人没有达到品质要求，你会怎么做？修理工人把你的家里弄得一团乱，或是女服务生态度不佳，送来的食物都是冷的，这些都可以让孩子知道什么是工作品质不良。不过，也要记得提供正面的例子，指出有些人工作时会注意细节，以工作表现为荣。

🌙 亲子体验活动

这个活动可以让你以轻松、有趣的方式，让孩子学到品质的观念，而且永远记住。这是个美妙的品尝！应用这个观点，让品质的观念与孩子的生活连接在一起。

饼干品质测试

准备材料：五种不同品牌的巧克力脆片饼干，放在塑胶袋中，写上编号，只有父母知道饼干的品牌。

1. 首先，告诉孩子："每种饼干品牌都说自己的产品是最好的，今天我们要亲自试验看看。"对孩子说明，这些测试也是饼干制造商衡量自家产品品质的方法。周全的测试通常包括主观和客观的衡量标准。必要时，解释"主观"、"客观"这两个名词的意思。"客观"的测试，表示"对产品事先毫不知情"——但并非所有的测试都是客观的。举例来说，"味道"就是很主观的衡量标准。接着，告诉孩子现在他要决定哪一种饼干的品质最佳。

2. 让孩子看着不同的饼干，列出饼干品质测试的标准表（例如：味道、成分、巧克力片的数量、香味、大小、形状和颜色，等等）。

3. 制作评分表（参考第18页所提供的例子），列出评分表上每个等级的标准。味道可以是评分标准之一，但属于主观的部分。在评定品质的过程中，味道应该是影响决定的关键，但父母必须解释这是一项最主观的标准，并且说明这是判断品质好坏最困难的部分，因为每个人都有不同的偏好。

4. 让孩子检验并品尝每片饼干，然后开始评分，给分从一分到五分（五分代表最高品质，一分代表最低品质）。

5. 将每一种饼干分等级，计算总分。将饼干由最低到最高的品质排序。

6. 一起讨论评分过程，是否有些标准较其他标准来得主观或客观。这些标准是否都值得考虑。最后，讨论为什么成功的饼干制造商认为值得在品质上投资。

这项活动可以再加以运用：亲子间可能会发现，彼此对于什么是品质优良的饼干意见不同。一开始可以先讨论为什么在评定品质的时候，应该尽量保持客观，接着可以讨论下列事物的品质标准：

· 书本
· 报告或计划
· 家庭
· 车子

第3章 03

独立学习的优势能力

　　你知道吗？孩子将来的成功取决于是否能够独立学习并对自己的行为负责。如果你的孩子不明白这点，长大后就会抱怨为什么自己老是错过了机会。

当孩子在家自学，父母通常还同时做家务，这让孩子有更多机会能独立学习。我让孩子在家自学四年，我努力让孩子能够独立学习。当孩子做作业的时候，我会将一大堆衣服放进洗衣机中，并擦拭灰尘，或是以吸尘器清理地板。我甚至可以只花31秒钟的时间，从书桌走到洗衣间，再将衣服从洗衣机里放到烘干机里！

我们的老大克里斯多福一开始就可以独立学习。从四年级开始，他甚至比我早起，自动自发地念书，也可以专心写作业。但小儿子查理则是多花了一些时间，才学会独立学习。

有段时间，我无法单独留下小儿子而快速去洗衣间做事。每次我去洗衣间，他就会跑开！前一分钟你看他安静地学拼字，下一分钟，他便会跑到别处去。他在做些什么呢？如果不是在客厅里摸狗，就是在家庭娱乐室凝望天窗外边，要不就是在房间玩超人游戏，或是做其他同样令人生气的事情。更糟的是，他每天都这样。

这需要一些时间——也需要某种程度的处罚作为威吓——才能让小儿子继续专心。这是训练的问题，而且需要一套办法与坚持。我们鼓励他培养自我控制的能力，若想要在课业上有所进步，决心和毅力都是不可或缺的人格特质。

当孩子到七年级或是八年级（译注：相当于初中一年级和二年级）时，应该要能够独立完成学校作业。然而，独立学习并不是在学校学到的，老师没有时间教导这些技能，但是只要肯花一些时间和精神，父母便可以帮助孩子在家中养成独立学习的习惯。

能够自我负责

第一学期结束的时候，大儿子的第一张中学成绩单寄到家中。他的表现良好，只有在数学方面得到了"甲"。我并没有期望他所有学科都拿"优等"成绩，但是从他带回来的考卷来看，他是应该全部拿"优"的。

"怎么了？"我问他。"我以为你数学会得'优'的。"

"我们举行披萨聚餐的那一天，我没有参加考试。"他告诉我。

"你是说，你不知道还有补考的机会？"我问完他，正打算拨电话给老师。

"不是，"他迟疑了一下，"我知道可以补考，只是不知道该如何补考。"

我失望地挂上电话。孩子根本没有立刻去问老师错过考试时该怎么办。不管老师有没有详细解释补考办法，孩子并没有主动找出必须知道的答案。

不是只有在学校才会发生这种事情。

过了没多久，克里斯多福在其他场合又出现这样的状况。那是个星期天，他和他爸爸都有食物中毒迹象，我们待在家中，没有上教堂。我不知道那个星期轮到他负责"幼儿主日学"的课程。稍晚，主日学的负责人打电话来问克里斯多福为何没有来，我看到那孩子满脸惊恐，不知道其他人竟在等他。

知道自己缺席的时候该怎么办，这是负责任的态度，也是一种独立的表现。父母必须帮助孩子思考，是否已经准备好要负起某些责任了。孩子是否有足够的机会练习，知道自己该做些什么事情，以及该怎么做？那天我才发现，孩子还没准备好接受主日学的工作，但我也了解自己并没有和他谈这方面的问题。我以这个失望的时刻作为教育机会，母子两人一起讨论如何培养责任感，成为独立的学习者。

　　人生中有很多机会可以学习新的技能，并且将技能运用在日常生活中。如果孩子不知道要对自己的行为负责，便会发现为什么自己老是错过一些机会。父母要确定孩子不是坐在一旁，等着生命中的好事情出现。他们必须学会作选择，并且对自己的决定负责任。

知道自己需要什么

　　父母可和学校老师一起培植孩子对生活中每个层面需要什么的自我觉察能力。孩子是否知道在学校所学，与他现在、未来的生活息息相关？孩子通常不会看到这些关联，而老师通常也没有时间帮助他们。在日常生活中，我们常常抱怨必须学习某些技能，直到真正发现其用处时才恍然大悟。代数对我就是这样！父母必须帮助孩子了解，他们在家、在校所学的东西，与教室之外的生活是有关联的。

　　最近，丈夫从做家务上，帮助克里斯多福看到其中的关联。

　　"吸尘器好像不太有力，"克里斯多福抱怨着。

　　"为什么？"丈夫问。

　　"我不知道，你会修理吗？"克里斯多福问。

　　"会，"丈夫说，"但我不要修理。拿一个新的袋子来，我弄给你看。"

　　克里斯多福从柜子里抽出一个新的吸尘袋子，拿给他爸爸。

　　"操作说明都写在这里，你来换吧。"

　　"可是我从来没换过。你可不可以帮我换？"克里斯多福哀求着。

　　"不行。现在就学，免得等你将来结婚之后，妻子认为你是没有用的人，"丈夫对他笑着说，并从厨房狡黠地对我看了一眼。

"有什么了不起的？"克里斯多福说，"只不过是个吸尘器。"

"现在是个吸尘器，明天可能是割草机的问题，再来会是修理你的小孩的脚踏车。现在赶快学，对你是有利的。"丈夫说。

经过几次失败之后，克里斯多福终于正确地安装好新的袋子，吸尘器又恢复强劲吸力，顺利完成工作。

当克里斯多福将吸尘器放进柜子时，丈夫给了他最后的小考。"所以，你知道什么时候需要换上一个新的袋子？"

"吸力不强的时候，"克里斯多福回答，"别担心，下回我可以一次就将袋子正确装入。"

丈夫非常能干。他说这完全归功于他父亲在家中不善于做这些事，只好轮到他和其他兄弟来做，所幸，他可以从他祖父那里学到如何盖房子、修理和维修，他母亲则教他做家事。我非常感谢婆婆和祖父对他的教导，让我嫁了一位顾家又顾孩子的好丈夫。

有时候，我们很容易"事必躬亲"。因为这样不但可以做得更快，还可以做得更好。但是如果你什么都自己做，等于是害了孩子。现在就多花些时间教导孩子如何照顾自己及他人的生活所需——多花几分钟的时间是值得的。

另外一个培养独立学习的简单方法，是教孩子使用字典。这是他们可以自己寻找资讯的重要工具，也是在今日的小学教育中，普遍失去的一种技能。小时候，我不需花太多时间，便可以找到想知道的资讯，我必须自己查字典。母亲喜爱语言与书籍，总是会说，"去查字典！"然而，放下手边的事情而去查字典，曾经让我感到受挫，但是我开始学到，当我想要得到答案时，自己就可以找到答案。

虽然在出生顺序的研究中显示，长子、长女通常较有责任心，在学习上能够自我引导。但这难道表示次子、次女，或是最年幼的子女，不能主动学习吗？当然不是！这表示父母必须更加努力，让孩子了解事情的相关性。父母在教孩子如何做某些事情的时候，可能必须给予更多的引导，而不是轻易放弃。如果孩子让你多费心，你要让他知道这么做是值得的！

往后，要申请学校或是找工作时，孩子能够自行找出达到目标的必要步骤。父母的目标是能够放手！所有飞行教练都知道，最终他们必须将方向盘交给学生，让他们学会飞行。父母是给孩子翅膀，让他们自己飞翔，而不是将孩子背在我们的肩上。

设定明确、务实的目标

设定目标不是公司董事会的专利。你可以把家庭、学校的相关事项作为目标，开始教导孩子这项重要的技巧，例如："我可以不需提醒，完成家事"或是"我要记得每天写下家庭作业内容"。在孩子设定目标时，你要提供引导，并帮助孩子达成目标。你和孩子可以注意以下三种目标：课业目标、过程目标、品格目标。

课业目标是指关于正式教育的目标。孩子可以在哪些科目中再进步？孩子是否开始新的课程，例如：外语、微积分或是戏剧？课业目标可以是"我要做好时间管理"或是"我要记住几何定理"。现在孩子能够设定课业目标，表示将来能够设定工作目标，例如："我要尽快掌握办公流程"或是"我要记住晚餐菜单及今日特餐"。

过程目标主要是关于做事方法。包括："我要及早完成家庭作业"或是"我要整齐地完成数学作业"。想一想有什么副词（或是有"地"字结尾的词），可以描述做事的方法。

品格目标是关于做事情的态度。举例来说，"尽管数学作业很困难，我仍会坚持完成作业"，或是"我不再抱怨英文老师了"，这些都属于品格目标。你可能听过态度是最重要的，的确如此。没有良好的态度，就算你的工作无懈可击，老板也可能不满意你的表现。

在这三方面设定你自己的目标。最近我个人的目标，是与好友一起进行一对一的圣经研读，尽快完成待处理的事（对丈夫来说，这还不够快！），以及经常告诉孩子我喜欢跟他们在一起（但对于进入青春期的孩子来说，更加困难）。让孩子知道你为自己设定的目标是什么。如果他们看到你如何完成所设定的目标，会更能够鼓励他们达到目标。

掌控进度，决心完成

这个周末，我的目标是写完本书的一个章节。我计划每天写五页，每写完五页，就使我得到更多的满足感，让我想继续写下去——尽管有时我无法这么做。在家庭作业、长期计划或是其他活动方面，父母都可以帮助孩子。决心是最重要的特质！

琳达·卡弗林·波波芙（Linda Kavelin Popov）曾经这样描述决心："决心是将精神和努力集中于一件特定的事情上，并且专心一致，直到完成。决心是运用你的意志力来做一些不容易办到的事。"许多孩子认为只需要努力从事他们喜欢做的事情。但是这种情况发生的频率有多少呢？在你的工作上，有多少事情是你不喜欢做的！但是孩子必须看到父母的决心。即使有些事情不是你喜欢做的，仍然能将这些事情做好。

除非你有决心，否则事情是永远无法完成的。对有些资优孩子来说，事情好像都很容易。他们不知道何谓坚持，因为根本不需如此就可以轻易得到好成绩。这些孩子需要更高的挑战目标，才能让他们培养决心。有些孩子则是尝试、失败了好多次，已经完全放弃了。他们认为决心没有任何价值，因为他们的任务和目标，远超过自己的能力。我教过有学习障碍的学生，班上每个人的心灵都受过伤。在这种失败的恶性循环中，是很难保持决心的。这些孩子在家庭与学校中，都需要一个支持的环境。尤其是在他们重新获得信心和决心之前，需要设定他们能够达成的目标。不管是资优学生或是障碍学生，都同样需要我们的帮助，集中注意力。如此一来，当事情遭遇困难时，还能继续下去，并相信现今所做的事对他们的未来是很重要的。

正面回应别人的意见

丈夫和我尝试定期与孩子进行没有威胁的"家庭会议"，看看他们在自己所设定的目标中，进度如何。一旦孩子学会如何设定目标和检视迈向目标的进展，就能够开放心胸接受别人的意见，并加以改善。家庭会议可以是一起出去吃冰淇淋，或是到大家喜欢去的地方好好讨论。关键在于教导孩子如何接受建议性的批评，而不会自我防卫。

最重要的是，父母必须教导孩子用自制来面对别人的回应，这样他才能从别人身上得到帮助。当父母、老师或是雇主给予孩子意见，他必须不以情绪化的方式回应，而且尽量保持客观。当孩子能够将自己的感觉与事实分开，便能够看见他人的评价对自己有何益处，并从中学到教训。

每次我从出版商那里收到拒绝信的时候，都得面对这种事情。大部分的出版商退稿时，往往不会提供任何意见，但有时候他们会以批评的方式回应，可能是建设性的批评，也可能是负面的批评！如果我可以自我控制，而不变得情绪化，那么这些意见是很有价值的。当我能够透过别人的批评，从中得到有用的意见，总是会更好。

自己的孩子属于哪一类吗？

家人的做事方法和信念，是否与周遭的世界有任何冲突之处呢？在同事、朋友甚至是亲戚面前，你是否可以坚持自己的信念呢？你是否容易摇摆呢？你是否经常三心二意呢？这些都是父母在帮助孩子解决这类问题之前，自己要先解决的问题。

最后，独立的学习者还包括有责任感。在琳达·卡弗林·波波芙的《家庭美德指南》（*Family Virtues*）一书中，她将责任定义为："有责任感意味着别人可以信任你……，意味着竭尽所能，将事情做好……，意味着愿意对你所做的，或你没做的事情负责任。当你有责任感时，你会信守承诺。当你犯了错误，会愿意为此负责。责任感表示你已经长大了。"

这是天下父母对孩子的期望。

父母学习时间

父母如何成为一个独立学习者？在下面各项中，找出自己适用的各项特质并勾选出来。在哪些方面你需要改进，以便成为孩子的模范？

- 我竭尽所能将所有工作做好，直到完成。
- 我遵守对他人的承诺，并且努力澄清所有误解。
- 我注意自己的责任范围，而不是他人的。
- 我愿意接受适当的赞美或指正。
- 我愿意承认错误，不会找任何藉口。
- 在能力范围之内，我愿意接受新的责任。
- 如果尚未准备好或尚未有能力接受新挑战，我会照实说。
- 我会寻求机会发挥自己的能力。

庭与学校中，都需要一个支持的环境。尤其是在他们重新获得信心和决心之前，需要设定他们能够达成的目标。不管是资优学生或是障碍学生，都同样需要我们的帮助，集中注意力。如此一来，当事情遭遇困难时，还能继续下去，并相信现今所做的事对他们的未来是很重要的。

正面回应别人的意见

丈夫和我尝试定期与孩子进行没有威胁的"家庭会议"，看看他们在自己所设定的目标中，进度如何。一旦孩子学会如何设定目标和检视迈向目标的进展，就能够开放心胸接受别人的意见，并加以改善。家庭会议可以是一起出去吃冰淇淋，或是到大家喜欢去的地方好好讨论。关键在于教导孩子如何接受建议性的批评，而不会自我防卫。

最重要的是，父母必须教导孩子用自制来面对别人的回应，这样他才能从别人身上得到帮助。当父母、老师或是雇主给予孩子意见，他必须不以情绪化的方式回应，而且尽量保持客观。当孩子能够将自己的感觉与事实分开，便能够看见他人的评价对自己有何益处，并从中学到教训。

每次我从出版商那里收到拒绝信的时候，都得面对这种事情。大部分的出版商退稿时，往往不会提供任何意见，但有时候他们会以批评的方式回应，可能是建设性的批评，也可能是负面的批评！如果我可以自我控制，而不变得情绪化，那么这些意见是很有价值的。当我能够透过别人的批评，从中得到有用的意见，总是会更好。

坚定不移而勤奋地达成目标

独立学习者的另一个特质是坚定不移。这不仅仅是对某事的承诺，也是"立定心志"。这是面对任何困难时一种可靠、忠实与投入的态度。特别是对孩子来说，坚毅是很少见的特质。人都会摇摆不定、没有定向。但是一心一意、全神贯注在重要的事情、人身上，是所有独立学习者在迈向成功之路时，不可或缺的特质。困难会不断出现，我们必然都会经历怀疑阶段。但是，如果我们能够坚定下去，就不至于走岔路。

勤奋是独立学习者另一项明显的特质。勤奋相对的是懒散。要让孩子学会负责任是一道难题，但是勤奋是最重要的，因为这才能够让孩子知道，他的努力是值得的。如果父母开始注意到孩子的懒散态度，必须深究真正的原因。很可能是孩子的学习环境过于简单或是过于困难。设定目标是要让孩子成功。成功能够引出更多成功，如果我们能以身作则，一步一步地引导孩子，他们会成功的——而且心灵上不会有任何创伤。

懂得正确地解决问题

孩子对于生命中所面临的问题或挑战，是如何反应呢？孩子能否提出按部就班的计划来解决问题呢？或者，孩子只会怨天尤人或静静地坐着，等着问题自然消失呢？如果是孩子做错了事，他们可能会因为无法承担后果而捏造藉口，不愿承认错误。当孩子习惯性地回答问题时，父母可以看出孩子是否学会处理问题，例如："你打算怎么做？""我不知道。"我有个爱说"我不知道"的孩子，你呢？

有时候我们必须为孩子提供明确的字眼，让他们用来描述特定的情境。举例来说，如果孩子伤了兄弟姊妹的心（或是伤了他们的身体！），他们会对手足说些什么呢？最普遍的回答是"对不起"。但是为了让孩子学会为自己的行为负责，"请原谅我伤到你了"是较适当的字眼。"对不起"的意思可能是"很抱歉你受伤了"，而不是"很抱歉我做错事了"。孩子应该要承认自己的过错，以及了解别人的感觉。想一想，如果你误会了配偶或是孩子，你会说些什么？为个人伤害负责？或者将过错转嫁他处？

　　有时候，孩子所面对的"问题"是他们的信念和意见被挑战。孩子宣扬他们信念的时候，必须能够对这些信念提出有力的证明。父母必须教导孩子，对于他们明知不对的事情，不只是说"不"就行了的。孩子是否能够，也愿意告诉别人其决定背后的原因呢？孩子应该有所准备，因为在某些时候会发生这样的状况。

拥有独立的观点

　　我们都希望孩子能够拥护他们的信念——即使父母不在身边。你的母亲是否曾经问过你，"如果有人要你从桥上跳下去，你会不会照做？"我们希望孩子能够做对的事情——不管别人做些什么，即使这么做可能会不讨人喜欢，也希望他们能够表达自己的想法。

　　领导能力通常表示拥有独立的观点。我育有二子，长子克里斯多福较具领袖特质，次子查理则是个跟随者。但这是否表示查理注定要成为跟随者，一辈子无法维护自己的权利呢？或者表示克里斯多福不管别人做些什么，自己一定都会做对的事情呢？其实这些只是一种倾向，两种人都需要彼此不断对话沟通。丈夫和我必须多鼓励查理在各种情况下做对的事情，而让克里斯多福知道成为一位称职领袖的意义。有些孩子天生是领袖，有些孩子是跟随者。你知道

自己的孩子属于哪一类吗？

家人的做事方法和信念，是否与周遭的世界有任何冲突之处呢？在同事、朋友甚至是亲戚面前，你是否可以坚持自己的信念呢？你是否容易摇摆呢？你是否经常三心二意呢？这些都是父母在帮助孩子解决这类问题之前，自己要先解决的问题。

最后，独立的学习者还包括有责任感。在琳达·卡弗林·波波芙的《家庭美德指南》（*Family Virtues*）一书中，她将责任定义为："有责任感意味着别人可以信任你……，意味着竭尽所能，将事情做好……，意味着愿意对你所做的，或你没做的事情负责任。当你有责任感时，你会信守承诺。当你犯了错误，会愿意为此负责。责任感表示你已经长大了。"

这是天下父母对孩子的期望。

◗ 父母学习时间

父母如何成为一个独立学习者？在下面各项中，找出自己适用的各项特质并勾选出来。在哪些方面你需要改进，以便成为孩子的模范？

- 我竭尽所能将所有工作做好，直到完成。
- 我遵守对他人的承诺，并且努力澄清所有误解。
- 我注意自己的责任范围，而不是他人的。
- 我愿意接受适当的赞美或指正。
- 我愿意承认错误，不会找任何藉口。
- 在能力范围之内，我愿意接受新的责任。
- 如果尚未准备好或尚未有能力接受新挑战，我会照实说。
- 我会寻求机会发挥自己的能力。

· 即使没有人在一旁监督，我也会不负期望地达成目标。

· 我以有条理的方式，主动将工作完成。

· 在达到目标之前，我不会让怀疑或考验使我分心。

· 我以能够保持的速度进行工作。

一般人很容易只看到自己想看到的一面。如果你够勇敢，也可以问一问客观的观察者，请他们回答以上关于你的问题。

从三方面进行

不论孩子将来的生涯选择为何，他们的成功取决于是否能够独立学习。父母应以身作则来强化这项特质，并且依照孩子的年龄，适时学习"放手"，让孩子自行飞翔。

家庭方面

家中是锻炼孩子学习飞翔最安全的场所。当父母在分配家务时，确定孩子（1）有能力完成任务；（2）在指定的时限内完成任务；（3）清楚了解责任范围。从小事开始培养孩子的责任感，随着孩子的年纪渐长，再慢慢给他们更多责任。等到孩子离家念大学的时候，已经学会如何照顾自己了。

以身作则：在家中你是否有始有终地完成工作？你是否认真地看待自己的责任？你是否会适时请求别人帮助？让孩子看到你是如何做事情的，并让他们思考需要负什么责任。

学校方面

学校老师可能没有时间确认每位孩子都能为了指派的工作留下来，并且完成它，所以父母应该与孩子、学校老师一起努力，帮助

孩子完成工作。

以身作则：当父母与孩子的老师沟通时，应建立良好的关系，进而老师也会与孩子建立良好的关系。让孩子知道你支持老师的决定。鼓励孩子遇到困难仍坚持不懈。

工作方面

雇主喜欢雇用自动自发的人——也就是不需要等别人告诉他们该做些什么事、该怎么做的人。这是迈向成功之路一项很重要的特质。即使孩子只是在附近的社区活动中短期打工，也可以鼓励孩子成为"优秀员工"。

以身作则：你对自己的工作与未来，是否有任何目标？你是否"朝着目标前进"？与孩子分享这些梦想，让孩子感染你的热情！

亲子体验活动

独立需要积极主动。雇主喜欢积极主动的人，因为这些人对工作与人际关系都有益处。以下是五种可以鼓励孩子的情境。将每一项写在小纸片上，让家人各选一张。每个人轮流读出所抽到的情境内容，分享他认为应该怎么做。然后共同讨论他的回答是否积极主动，接着让其他人提出点子。

· 房间很乱，朋友很快就要来拜访了。
· 你已经生病了三天，缺交许多家庭作业。
· 母亲进行手术，在医院住了一个星期。今天她就要出院回家了。
· 团体报告的组员都没有帮忙，再过一个星期，就要交报告了。
· 你发现浴室中已经没有洗发精了。

第4章

04

创意思考的优势能力

当你的孩子遇到类似"如何可以照顾流浪猫，又不用将猫带回家中"的问题时，你该如何用智慧方法创意地去解决呢？

创意是人类一种与生俱来的能力，你该如何帮助孩子去发现和运用呢？

那是我第一次上画图课，尚未开始画，我就备感压力。父亲和弟弟都是艺术家。空白的纸张让我深受威胁，它瞪视着我，像是预告着我的失败。刚削好的铅笔悬在半空中，想要画出点什么东西，却又在恐惧中凝结了。看来，不管我多么努力地尝试，总是无法精确、轻松地画出来。我相信自己是个没有创意的人。否则，怎么会这么困难呢？不是吗？

我尝试画圈圈的经验是很可笑的。我无法忍受班上其他同学看到我的作品。我甚至可以听到连纸张也在嘲笑我。我想我永远不可能像弟弟或是父亲一样，何必要尝试呢？

你相信自己是个有创意的人吗？我后来发现，许多人都认为自己在艺术方面没有创意，但这通常是因为我们不了解何谓创意。没有创意就没有进步、创新或发明。桃乐丝·席丝克（Dorothy Sisk）是拉玛大学（Lamar University）的教育心理学教授，她说，"创意是一件珍贵的用品，有创意的人能使医学、科学、文学和艺术不断进步，并将人类的文明往前推展。"

能够创意思考的人，拥有界定和解决问题的特殊工具。他们评估面前的各项选择时，知道考虑所有可能的效果与结果。他们有能力评估各种可能性，并有能力回应这些评估，因而规划出可行的计划。

什么是创意

朋友黛安的小孩和我的小孩年龄相仿。那时我们的孩子还小，有一天，她很沮丧地跑来找我，"我需要帮助！你有没有关于美术和手工制作方面的书？"

黛安是能力很强的人，也是位称职的母亲，但是那天她却非常惊惶，因为她突然被孩子没打算成为有创意的人这件事触击到，因为她认为自己没有创意。

"我的孩子该如何学习发挥创意呢？"她大声说着。"我根本没有一点创意！不过，我很善于跟随指示。你对这方面有没有'操作指南'呢？"

我告诉她我有，但是我也指出她的想法错了。她很有创意，只是没有艺术天份。这两者的差别很大。

创意是想象的力量。每个人都有能力从新的角度来看旧的事物，每个人都有能力以从未尝试过的方法来做事情。在《家庭美德指南》一书中，作者琳达·卡弗林·波波芙说："当我们分享个人想法……便能改进事物。当科学家发挥创造力时，他们就发明出新的药物治愈疾病。每个人都可以在艺术和科学领域中学习，为世界贡献一己之力。"创意是我们都拥有的自然能力。每个人具有不同的天赋和才能，必须由自己去发掘，但创意是一种对宇宙万物创造力的自然反射。

创意的要素之一，是独特思考的能力，以便使事情更加美好。大部分的进步都是由创意思考而来的。我们可以运用以下的四种基本特质：流畅性、弹性、原创力、敏感度，来培养创意思考。

1. 流畅性

流畅性是指对某个语言或系统，具有很深的了解或是使用的能力。如果说某人在创意方面具有流畅性，这代表他能够在遇到问题、或是在寻求改进的时候，马上想出许多点子。这种能力也可以视为是创意灵敏度。许多创意思想需要与其他点子分开，才能产生更多的想法。这不是与生俱来的能力，特别是如果我们习惯审查点子（很多人都是如此）。有些人会很不客气地检视自己的想法，我们会为只有一个原创想法感到痛苦。但是孩子从父母身上，也学到"只有一个正确答案"——孩子会寻求这个答案，一旦他们找到这个答案，便会停止继续思考。学到这种思考方式的孩子，如果有人让他们自由提出数个想法，他们会较没有安全感而变得慌张。

在尤金·罗德沙普（Eugene Raudespp）的《你有创意吗？》（直译，*How Creative Are You*？）一书中，他提出许多练习来说明培养创意。试试看这一个：

说出至少十二种太阳眼镜的用法，测试你的创意流畅度。

例如：保护眼睛避免太阳强光、遮挡黑眼圈、遮盖没化装的脸、改变外表样子、用来割东西、遮住助听器、让自己看起来像电影明星、看起来像盲人、当作镜子、当作发箍、为眼睛防尘或是防烟雾、缓解因强光造成的头疼、当作纸镇、在冗长会议中咬它以消磨时间。

有些想法一开始可能听起来很愚蠢，但是这个练习的目的是要让你尽可能想出许多新点子——不论愚蠢或是扎实的点子都行。有时候，问题的最佳解答是隐藏在愚蠢的答案中的。

2. 弹性

能够创意思考的人，可以找出各种方法与选择来解决问题，同时也不忘整体目标。当其中一个想法无法执行下去，他们会马上尝试其他想法。丈夫称这个为"随机应变"。在我成长的过程中，如果全家人决定要到哪里用餐，或是如何完成任务，一旦没达成共识，一切就结束了，没有一点辗转的余地！一直到我嫁了一个有弹性的老公，才知道原来一件事情也可以有第二个计划，甚至可以有第三个、第四个，或是第五个计划。如果你可以从多元角度来看问题以增加你的选择，很明显地就是具有弹性。

让我们回到之前的练习，想一想有几种不同的答案。每个动词都是一种方法。

说出至少十二种太阳眼镜的用法，可测试你的创意弹性。

例如：保护眼睛不受日照、强光、灰尘与烟雾威胁，隐藏黑眼圈，助听器，遮盖没化妆的脸，改变外表，用来切割东西，当作镜子或是镇纸，看起来像电影明星或是盲人，将头发往后梳，缓解头痛，开会时用来咬着以消磨时间。

算起来已经有多种用途了。

3. 原创力

创意思考需要原创力，一般称为"跳出框架的思考"。有原创力的人，能够创造新的关联与关系。他们会跨越既定的系统外，忽视一般人所能接受的界线。

当然，我们知道根本没有所谓真正原创的想法，只是和其他想法比较起来有不同程度的原创力。原创的思考可能会非常伤神。想要不流于俗套，可没那么容易。

练习原创思考的一个有趣方法，就是玩猜字游戏。目的是要在某项分类中，尽可能想出许多原创想法。本章末所列出的活动，也是培养创意思考的一个有趣方法。

想要成为有原创思考的人，你只需要反对、改变，或是补充人们通常的期待。但是，不要以为原创的想法便不会受到挑战。通常这些有创意的想法，听起来是不切实际、无法执行，或是让人无法接受的。

4. 敏感度

保持高度敏感可以为创意思考者指示方向。每个人都有不同程度的敏感度。有些人是太过敏感，对即将发生的问题保持高度警觉，这会让人受不了，甚至使人麻木。有些人却是一点也不敏感，哪怕是危机的线索已经非常明显，他们仍旧没有任何警觉。在创意思考过程中，一个很重要的步骤就是要在这两种极端间，学着寻求平衡。

为了设定切实的目标，我们必须对身边的问题有一定的敏感度，并且以务实的态度看待问题。我们有世界性问题、家庭问题、朋友问题，以及个人问题。能够创意思考的人，首先会对问题的大小有真正的了解，以此为解决问题的第一步。对孩子来说，学习这种技能最好的方法，就是练习从不同的角度看事情。

《教导创意行为》（直译，*Teaching Creative Behavior*）一书的作者朵莉·雪克丝（Doris Shallcross）说，多从线索去推测将发生的事，可培养孩子对问题的敏感度。这表示孩子不再只是被动地回应问题。对潜在问题保持敏感度，是让孩子能够从不同角度看事情的核心要件。以下活动请父母先自行练习，接着与孩子一起培养对问题有更高的敏感度。

在脑海中想象一幅平静的乡村景致，或是想象身处黎明时分的安静街道。

接着预测在几个小时之内，可能会发生什么问题，或是否已经存在着什么问题，只是你自己没有注意到。

当父母和小孩一起做这个练习的时候，选择一个他们熟悉的场景，像是学校操场、后院或是主日学教室。

恐惧是最大的阻碍

大部分的人面对创意思考的最大阻碍是：恐惧。在《你有创意吗？》一书中，尤金·罗德沙普对因恐惧而粉碎的创意，作出这样的描述："就像是屋檐下的排水道，让枯叶、断枝、昆虫与沉积物给堵塞了一样。为了让雨水能够顺利通过，必须先将排水道清理干净。同样地，为了让创意保持畅通无阻，以及加强对新事物的接受能力，我们也需要先将个人与环境中的沉积物清理干净。"

我们害怕和周围的人不同，因此对自己的想法格外小心。我们害怕受辱、遭人拒绝、孤立，以及失去面子。如果有人说我们的想法很愚蠢，可能会让我们失去人们的尊敬。如果有人说我们的想法太奇怪或是不正常，我们可能会被人们孤立一旁。如果有人认为我们的想法太具争议性，可能会使我们失去亲人或是朋友的尊敬。这些恐惧并不是没有道理。创意思考是要冒险的。我们必须考虑要付出的代价，但是适度的小心变成了不堪的恐惧，便会成为创意思考的巨大阻碍。恐惧是我们必须改掉的坏习惯，如此才能让创意思考畅行无阻。

创意问题解决的四步骤

一旦我们知道自己有创意思考能力，也排除了恐惧的阻碍，便能够运用创意解决问题——小至日常生活的问题，大至世界性的问题。

创意学习中心（The Center for Creative Learning）提供了训练工作坊及关于创意问题解决（Creative Problem Solving, CPS）的资料。该

中心的网站上说明，"创意问题解决，结合你与生俱来的创意与问题解决方法。这是一个易学的过程，可以马上运用在任何年龄层、组织、背景、文化的个人与团体中。"创意有时候会出现随机而混乱的活动，但是创意问题解决能够提供完整的结构，在解决问题的过程中，将情绪和眼前的问题分开，并且循序将问题一步一步地解决。

我曾刻意练习这种方法，现在创意问题解决法已经成为我的习惯，我能够运用自如。这是我在研究所时学到的技巧，接着我传授学生，目前则运用在自己孩子的身上。当我面对困难问题的时候，已经可以自动遵循这些步骤。通常我会在脑海里重复这些步骤，但如果遇到复杂或是非常艰巨的问题，我还是会将每个步骤写在纸上。如果我们可以教导孩子有系统地遵循这些步骤解决问题，将帮助他们养成新的思考习惯，并且能够让他们更有效率地解决问题。

以下是鼓励孩子创意问题解决的四个基本步骤：

1. 界定问题

界定问题可能是最困难的步骤。要明确指出问题，有时是非常不容易的，特别是当我们不高兴或是感情用事的时候。此时可学着将整团混乱写出，冷静下来，然后尝试在混乱中找出真正的问题。

2. 评估所有可能的解决方案

脑力激荡出各种可能的解决方法或是替代方案。将脑海中想到的方法全部列出，接着判断这些方法是否能够解决问题。这是你展现创意的机会。记住，不要审查你的想法，让这些想法自然涌出。最不可能的解决方法，有时往往是最好的结尾。

3. 计划行动方案

选择最合理的解决方法——不见得是你最喜欢的方法！然后以

这个方法为主，再计划出行动方案。将执行方法的步骤，一步步地写下来。在行动之前是否需要更多的事实真相？是否需要与别人详谈，获得建议？需要什么资料？等到一切都准备好之后，开始将解决方法付诸实行，看一看是否如你所预期的有效。

4. 必要时调整计划

你所选择的解决方法实行结果是否如你所预期？如果不是，回到你的解决方法清单，另选一个解决方法，再试一次。有时候我们理想中的解决方法，其实并没有奏效。于是我们采用另一计划，重新出发。

这一套方法几乎对任何问题都有用。在你刚练习运用这些步骤时，最好从个人的小问题开始，当你熟练技巧以后，就可尝试练习较大、影响较广的问题。试着以这样一句话开始界定问题，"我如何才能……"

"……让儿子准时到校？"

"……找到一个可靠的保姆？"

"……让孩子做家务？"

孩子的问题也可以用同样的方式处理："我应该怎样才能……专心听老师上课？"这种方法可以帮助孩子面对他们的大小问题，而不会惊慌失措。孩子年纪还小时，风险可能不是太大，后果也不会太严重。现在正是帮助他们学着为自己思考的时候，并且让他们学会拥抱生命中的问题，当作学习的机会。

父母学习时间

现在你应该了解，有艺术细胞与具创意是有相当差异的。创意在变为成果之前，早已存在脑海中。我们可以用创意解决问题。我们可以利用创意思考，想出新的点子和新发明。真正阻挡我们的是恐惧。

思考我们是如何批评自己和别人的创意。然后想一想，用什么方法我们可以鼓励创意思考。

从三方面进行

大部分的人每天都会遇到问题。不管是在家中、在学校，或是在工作上，都要学会面对挑战。既然如此，为什么不尽早培养孩子创意解决问题的能力呢？

家庭方面
"如何可以照顾流浪猫，而不用将猫带回家中？""我们该以什么方式为中学义工募款？""如何才能跟妹妹和睦相处呢？"这些都是真实生活中，孩子会遇到的问题。这些问题都值得以创意问题解决的模式去处理。

以身作则："我该如何找到一位可靠的保姆呢？""我该如何让孩子做家务？""下个月如何减少日常采买支出呢？"花些时间解决这些问题，记得要让孩子参与整个过程。

批评创意思考	鼓励创意思考
"这不可行。"	"做得好!"
"我们没有时间。"	"我很喜欢这个点子。"
"别人会怎么想。"	"今天你真是太聪明了。"
"我就知道这行不通。"	"真是足智多谋。"
"这不是我们的问题。"	"一切都非常顺利。"
"我们找个时间再说吧。"	"你真是有天分。"

批评创意思考	鼓励创意思考
"这太先进了。"	"好主意!"
"这已经过时了。"	"你学得真快。"

学校方面

可惜的是,学校有时是个制造问题的场所。以下是几项需要解决的问题:"我在新的学校中,如何交到新朋友?""我该如何提高自然科学分数?"或是"我该如何找出时间参加足球队,并且兼顾课业?"

以身作则:父母和老师一样,也必须解决学校所产生的问题。父母如何与麻烦的老师沟通?如何处理孩子令人失望的成绩单?学着将情绪与问题本身分开,再处理这些问题。

工作方面

孩子最终都想自食其力。要找个让他可以赚钱,却不至于影响课业、家庭互动的工作,的确不是件容易的事。等孩子上了大学,他们会再次面对同样的问题。当他们成家后仍要维持终身职业的时候,问题还是会再出现。

以身作则:父母自身的工作是否曾经对家庭生活产生负面的影响呢?父母能够解决这个问题,还是选择逃避问题呢?如果你曾经解决过这样的问题,可以对孩子解释你是如何解决的。如果父母之前选择逃避问题,那么现在应该负起责任,开始解决这个问题,以免伤害太大而无法挽回。

☽ 亲子体验活动

创意问题解决，是父母一生中可以教孩子最宝贵的技巧。全家人一起思考下列问题，一步步地解决它。接着在自己的生活中，找出一个问题，然后全家人一起解决。

出外想家时

你第一次参加夏令营。以前从未参加过这样的营会，因此对这个机会感到兴奋不已。好几个月来，你引颈期盼能够参加为期两周的营会。到达现场的时候，一切都令人满意。营地正如广告上所说的一样。这是个非常大、非常美丽的地方，有各种运动、游戏设施，但是……

在第三天出现问题了。虽然你交了几个新朋友，却开始想家。你喜欢住同一间小木屋的其他伙伴，但是上下铺的床一点也不像家里的舒服。你想念父母亲，也想念其他的兄弟姊妹！由于你从未离家如此久，这些感觉对你来说都是新奇的。其他营会伙伴好像一点也不想家，他们因为离家而开心得不得了。你不希望他们知道你很想家，因为这样可能会让事情更糟。

你该怎么办？还有一个多星期，营会才结束，尽管你非常想回家，却不能跟任何人说。接下来的营会里，你有什么样的打算？

第5章 05

批判思考的优势能力

你一定看到了，在这个世界上，真相有时候暧昧不明。如何引导你的孩子在许多的信息中以批判精神明确地进行判断呢？

"动动脑，"我听到丈夫对大儿子说。他没有任何恶意，只是希望克里斯多福能够评估状况。在家中，两个孩子拥有自己的浴室——包括自己的肥皂、浴巾、洗发精和牙膏。克里斯多福洗完澡之后，丈夫发现他的头发还有很多洗发精残留。仔细一看，他发现那不是洗发精，而是肥皂！

"你为什么用肥皂来洗头呢？"丈夫问。

"因为洗发精用完了，"克里斯多福一边回答，头发还一边在滴水。

"洗发精是什么时候用完的？"丈夫对这种没有常识的行为，显得困惑。

"我不清楚，可能是几个星期前吧！"克里斯多福看着父亲说着。

丈夫抬起头，闭上双眼。我想这时他一定在心中默数到十，想克制自己的情绪。这也不是第一次了。

"好，下一次，"丈夫慢慢说着，"如果没有洗发精，你认为应该怎么办呢？"

克里斯多福想了一下，"要让你知道？"

"这是个开始，有没有其他办法？"

"嗯，有。把它列在购物清单上，好吗？"现在开始上轨道了！

"还有呢？"丈夫问。

"在洗澡之前先检查一下？"克里斯多福的脸上有了朝气，"从你的浴室中拿点洗发精过来用？"

"没错！你认为自己可以记住吗？"丈夫问。

"我可能需要一些帮助，"克里斯多福承认。

"别担心，你会得到帮助的。"丈夫将一瓶新的洗发精拿给儿子，半开玩笑地拍拍他的背，就退回浴室。

丈夫是擅长推理的人。这句话是什么意思呢？推理是人类基本的能力之一，人类不是完全靠潜意识本能运作的。推理是培养批判思考技能的基础。

根据《韦氏英文大字典》的定义，推理意指"争论或讨论、有逻辑地思考、作结论或推论"。逻辑思考是这个过程的主要关键。推理需要具有分析、深思熟虑、洞察力、收集证据、判断和辩解的能力。这些都是批判思考的同义字。

洞察力是这个过程中一个重要的能力。但是，这却是个容易被忽略的技能，在现今的世界中更是如此。真理有时似乎是难以捉摸且非绝对的。深信自己所知道的事是很危险的。但是如果忽视这种状况，则更加危险。

分析问题并提出支持的论点

"为反对而反对"是培养批判思考的一种方式。培养客观看待事情的不同层面，以及提供论点的能力，需要耐心和成熟度，而练习更为重要。如果我们无法提出有效论点，是因为推理错误。在我们学习评估论点之前，必须先学会辨识、且移除推理障碍。

孩子可能无法分辨真理。并不是因为孩子不诚实（不过的确有些孩子从成人身上学到这个坏习惯），而是他们不知道在特定的情况下什么是真理。以下各种"逻辑错误"是从文森·芮基洛（Vincent Ruggiero）的《实用思考指南》（*The Art of Thinking*）一书中所摘录下来的。不妨利用这些来教导孩子学习批判思考。父母会发现自己在思考的时候，也有些逻辑错误。

"非黑即白"的思考方式

"我现在要玩电动玩具，因为等一下我没有时间。"孩子通常会从黑或白两极来看事情。要么"是"，要么就"不是"，完全没有折衷的余地。点出他们这种思考方式，是有助益的。可以帮助孩子看到妥协的真实性。相信孩子未来的伴侣会感谢你的。

避重就轻

"弟弟为什么哭？"

"他要将我的城堡弄倒。"

"我不是问你他做了什么事情，你对他怎么了？"

"他——"

"不对。从说'我'开始。"

"我推了他一把。"

"你为什么推他呢？"

"他——"

"从说'我'开始。"

"我看到他要将我的城堡推倒。"

当所有相关的人直接面对自己的问题，而且负起责任，事情会容易解决得多。训练孩子以"我"作为句子的开头，而不是以"他"或"她"开始，不要责备别人，而是将重心放在事情的真相："你们"在吵架，所以"你们"必须共同找出解决的办法。

以偏概全

"我从来都不能玩。"

"他每次都可以去。"

"只有我没看过那个节目。"

"别人都可以。"

这些话几乎都不是真实的。孩子可以质疑说这些话时的假设，进而更正这些陈述。当你听到以这种方式陈述时，让孩子更精确地重述一遍。不要说"别人都这么做，"孩子可以学着说是谁这么做。绝对化的说话方式是以偏概全，而且通常是说谎的前兆。

双重标准

有时候成人比小孩更容易犯这种错。事实上，孩子可能已经发现父母有这种毛病，但是孩子也会犯这种错误，特别是对待朋友与手足时。

"妈！雅各一直拿着我的电动玩具。"

"你要玩吗？"

"没有，但是他没有问我就直接拿走。"

"但是上次贾斯汀来的时候，你不是也让他玩。"

"所以呢？"

"贾斯汀有问过你吗？"

"没有，但是他是我的朋友。"

"所以朋友之间不需要征求对方的同意，而兄弟间就需要啰？"

这是个可以和孩子谈谈双重标准的机会。对父母来说，有许多时机可以对孩子机会教育。双重标准的争论是毫无意义的，常常在人际关系上，以及工作场合中，造成关系分裂。在别人质问之前，孩子可以先自问，为什么他们会这样说。

推卸责任

仔细听一听周围的人说话，你会发现人们一直在推卸责任。你曾经听过这样的问题吗："你为什么给我'丙'的成绩？"或是

"为什么你不挑选我的孩子加入球队？"这是不愿负责任的征兆。虽然法庭上常以这个当主要的情节，却不能帮助孩子培养批判性思考。事实上，学生的成绩是由他们自己的努力及表现所决定，而竞赛活动是以队员的能力和表现来决定。帮助孩子在指责别人之前，先看看镜中的自己。

不合理的诉求

有时候不合理的诉求会影响我们思考的能力。举例来说，我们会说，"这已经行之多年，我们不应有所改变"（对传统的诉求），或是"事情总会出错的"（对忧虑的诉求），还是"这可能会冒犯某人"（对行为规范的诉求）。诉求本身并没有什么不对，但是应该是诉诸理性，而不是情绪。因为情绪是想法所造成的感觉，而不是想法本身。只要聚焦在想法上，便可以避免这个错误。有道理的诉求是与理智并行不悖的。

教孩子如何在适当的时候提出合理的诉求。如果你要求他们做某事，或是拒绝他们的请求，孩子可以提出诉求——但他们必须提供更多的资讯，以及恭敬地请求。身为父母，你可能选择不听他们的诉求，而孩子也必须学着接受这种情况。

"凯蒂，做完功课之后，请用吸尘器将客厅清洁一下。"

"好的。"

过了一会儿，"妈，我有困难可以提出来吗？"

"可以。"

"我答应苏写完功课之后，打电话给她，并将作业拿给她。我是否可以打完电话再清理客厅？"

"可以。谢谢你让我先知道。"

凯蒂的口气听起来一点也不像小孩。不过她的确还只是个孩子。她理性且有礼貌地提供母亲更多的资讯。母亲也可以拒绝她的请求，但是面对这样一个有礼貌的要求，如果她拒绝，是会有压力的。找个机会允诺孩子的请求，并且让孩子知道如何提出合理的诉求。

运用科学的方法

这种行之多年搜集资料、分析资料的老方法，对孩子来说是非常有效的。这种方法虽然有缺点，但在基本结构上，对于发现真理是非常有用的——尤其是现场没有任何目击者的时候。这种方法也能够尽量减少偏见的影响。

科学的方法能够解决什么样的问题呢？当我们能够排除问题和情境等外来的因素，或是当系统本身可以透过有限的控制变因重复检测时，科学的方法是非常有用的。

以下是运用科学方法的步骤。

1. 陈述问题

你是否正在思考什么问题呢？最近在生活上，你面临哪些问题？这个重要的步骤，从决定正确的问题开始："为什么电话坏了？""步行到学校最快的路线是什么？""是谁吃掉所有的巧克力饼干？""我如何能更快完成作业？"

2. 形成解释问题的假设

这是回答问题最典型的方法。对于"步行到学校最快的路线是什么"这个问题，你的假设可能是"走过枫叶街，向西走三条街，接着向北走六条街，然后再向西走三条街。"但是仍有其他路线可以测试。

3. 透过实验，检验假设

在提出问题和假设之后，就是要测试答案的时候了。在上述例子中，你可以在每天同一个时间，尝试各种不同的路线，并且记录结果。你很可能要做几次实验，才能确定哪个结果是正确的。

4. 获得结论

从实验中所获得的结论，将可作为问题的答案。哪条路线是最快的呢？是否要视天气状况、交通标识的时间，以及走路时的精神状况而定？你的结论可接受吗？或是你应该再提出一个新的假设，然后再次试验呢？

科学方法是抽离情绪问题的一个好方法，还可以帮助你客观且诚实地看待问题。

运用演绎的推理法

从所知的线索中归纳出结论，是基本的推理能力。为了能够有效地推理，取得正确的资讯是很重要的，但是分析事实也同样重要。通常在小学四年级时，孩子的智力会有一些新的发展。孩子可能会有能力去推理，将所学到的事实连贯在一起，并从中找出新的关系来。此时，孩子开始思考自己为什么会问理由。

逻辑必须运用推理的方式，寻找出规则或是各种关系，而使我们会问："结论是否与我所知的事实相符？"这可以运用到孩子每个学科的学习。然而，正规的逻辑训练是孩子能够从中获益的技能。在逻辑推论上，有五种常见的谬误，是孩子必须学会分辨的。

在洁西·维斯（Jesse Wise）和苏珊·维斯·包尔（Susan Wise Bauer）合著的《心智训练》（直译，*The Well-Trained Mind*）一书中，两人利用白雪公主的故事，来阐述五种逻辑谬误。任何一种谬误，都可能让白雪公主同意、容许邪恶巫婆——假扮成农妇模样，兜售苹果——诱骗她去咬一口毒苹果。

观察证据的谬误

利用个人经验来证明观点：我曾经与农妇接触过，没有人毒害过我，白雪公主心中这么想着。

人身攻击的谬误

针对说话者的攻击而非论点的攻击。农妇攻击小矮人的动机："小矮人是不是告诉你不要让陌生人进来？他们只是想要你继续为他们煮饭、擦地板。"

诉诸怜悯的谬误

激发同情心："我不过是个可怜的农妇，想为我生病的孩子赚些钱。你应该让我进去。"

诉诸权威……

可能使用有名人士的名字，来支持某个主张："我刚才卖了一颗苹果给国主，他说这是他吃过最好吃的苹果！"

诉诸贫穷是美德……

假设贫穷的人比有钱的人更有美德："我只是个单纯的乞丐，我不会伤害你的。"

如果仔细观察，你会发现我们周遭充斥着这些谬论。政治演说、公关活动、选举口号、报纸社论，甚至是孩子的教科书，也常常使用错误的逻辑，灌输给人们不一样的观点。

逻辑思考有三个阶段：前提、论证（说理）与结论。

在第一个阶段里，可能有多个前提。关键在于依循前提下任何结论之前，应先确定第一个前提是正确的。论点会决定前提是否为真。错误的前提通常产生错误的结论：

前提A：地球的表面是平。

前提B：东西可能会从平面的边缘掉下去。

结论：东西可能会从地球的边缘掉下去。

错误的前提A，产生错误的结论。

前提A：魔镜从不说谎。

前提B：魔镜说白雪公主比我漂亮。

结论：白雪公主比我漂亮。

从这个故事的前提来看，这个结论是正确的。

现在，我们将讨论简化，让孩子也能够了解。将上述所有前提以"如果/那么"的句子来代替。

如果魔镜从不说谎，而魔镜说白雪公主比我更漂亮，那么，白雪公主一定比我更漂亮。

如果第一个句子是对的，而逻辑上也没有错误，结论通常也会是正确的。孩子会以这种归纳推理为基础，在同侪压力或是工作选择上，作出自己的决定。以逻辑式的语言自我教育，并且引导孩子找出正确的结论。

辨认真理

在这个世界上，真相有时候是暧昧不明的。最重要的是，孩子能够在许多错误的信息中，明确判断何者为真，了解如何辨认真伪，而不至于误入歧途。辨识力是个好词——这个词可能和孩子的生命息息相关。这是非常重要的！分辨出冷和热，安全与危险，红灯和绿灯。在这些情况下，辨识意味着能够看见并且了解其中差异。辨识真理意味着能够看见并了解什么是真的，什么是假的。

辨识力也隐含着判断。当我们要维护真理或要知道该如何处理某事时，需要有判断力。这些判断就像支持的证据一样重要。如果证据不足，所作出来的判断可能会带来不可言喻的伤害。我们都看过因为证据不足而造成错误的判断。我们只是凡人，因此所作的判断常常出错。

我们该如何确定自己的判断是正确的呢？

1. 搜集足够的证据

什么东西能够帮助你下结论或是作判断呢？证据包括：事情细节、统计数据、例子、相关案例、传闻轶事、引言、比较、描述、定义、经验、特殊知识，或是任何可以让我们排除合理怀疑并建立确实性的资讯。要完全确定证据的确实性并不容易，因此有时我们不得不接受现有的证据。

2. 诠释证据

证据是否显示大多数人或少部分人是对的呢？如果你的女儿说，"她认识的所有人都去参加派对"，父母便可以假设这不是真的。经过调查之后，你发现只有她的好朋友去参加派对，因此证据不足可以证明女儿的论点不够有力。在宣称证据足够之前，得先评估所有可取得的证据。

3. 避免偏见或盲从

我们都听过，也说过一些充满偏见或只是迷信（盲从）的信息。偏见是指没有证据或足够证明的意见、判断。迷信（盲从）则是相信没有事实根据或是经验证明的事情。这两种都是因为无知而造成的。我们必须深入探索我们认为真实的事情，并以此教导我们的孩子。

4. 得到新证据重新判断

当新的证据与先前的判断有冲突时，我们必须愿意重新思考原先的推论。情况是会改变的，先前的证据可能不足。开放心胸，勇于重新作出判断——如果新的证据很充分的话。

孩子一旦成为批判思考者，将迈向成功的道路。孩子会"如虎添翼"一般，在课业和职场上获得成功，他的人际关系也会更加稳固。有时候，你巴不得孩子早日拥有这种能力，但理性的能力是成熟的表征之一。由于孩子年幼，所以还无法发展出思考、评估和提出理由的能力。然而父母鼓励孩子，就能够提早培养孩子这种能力，而领先同侪。现在你不妨就开始鼓励孩子提出理由，而非藉口。

父母学习时间

"三心二意"是最糟糕的一种人格特质。容易受别人影响的人，无法辨认真理。但我们的思考是以我们所认定的真理为基础，而我们的行动又是以我们的思考为基础。

因此，我们的信念是非常重要的！摇摆不定容易受骗上当。在我们学会发现真理之前，练习辨认真理是很重要的，教导孩子辨认真理，亦是如此。

· 你相信有绝对的真理吗？你是否认为，的确存在着无法反驳的真理呢？你的信念是根据什么？

· 你是否很难维护你所认定为真理的事情？

· 你是否担心别人对你所作所为的看法？

· 你是否愿意系统地分析问题，而不是以情绪化的方式回应？

· 你是否经常问为什么，或是发现自己常常接受别人给你的理由？

· 你是否主动寻找证据支持你所提出的论点？

· 你是否会回答孩子提出"为什么"的问题，或者你通常会回避这类问题？

从三方面进行

孩子每天都会面临选择的机会——选择对与错，相信或不相信，听话或不听话。可惜的是，同侪压力也出现得很早。还在学走路的孩子，妈妈明明已经说不行，他仍是跟着其他大孩子在游乐场里，爬上大型游乐器材。这些倾向必须在人生的早期加以矫正，特别是在上了初中有人递给孩子一根香烟之前，加以矫正。

任何一个存在的真理，从逻辑上来说，应该是绝对的，不管在任何情况下都不会改变。某件事情感觉起来好像是对的，这并不能当作检验绝对真理的方法。我们都要面对同侪压力。在每天的生活中，当其他人试图影响我们的信念和决定时，我们都必须面对这种压力。如果你站在真理的一边，那么，不管情况为何，你都会有十足的自信。别人的拒绝、孤立，甚至是敌意，都不应该是孩子漠视或拒绝他所坚持的真理的理由。

可以利用以下所建议的练习，教导孩子坚信绝对真理：

家庭方面

年轻孩子最喜欢夸张。当你听到孩子说出夸大之词时，千万别就此放过。制止他，并且详细地询问孩子所指的是什么。他的事实根据是否精确？有时候孩子可能吹牛，有时候他们只是想要有被接纳的感觉，但是孩子很容易精通此道，成为"吹牛游戏"的专家。利用机会让孩子了解，为什么他希望得到朋友的认同。接着教导孩子，他应该努力争取哪些人的尊敬。

以身作则：如果孩子在这方面遭遇困难，很有可能是因为父母也常常说话夸张。检视自己和家人、朋友或同事之间的谈话内容。如果孩子不经意听到你的谈话，父母可以利用机会引导孩子与人沟通时，要诚实、坦白。

学校方面

孩子升到初中或高中的时候，常常会面对是与非、对与错的冲突意见，以及绝对真理的标准。他们需要有人加以引导，了解何时应该以何种方式站在真理的一方。现在帮助孩子，等他们上了大学与室友辩论到半夜而欲罢不能时，孩子就能够针对自己的信念，清楚说明原因。

以身作则：偶尔对孩子大声念出报纸上社论版的文章。对于特定的事件，想一想不同的意见，父母也可以提供自己的意见，但是注意，要让孩子有机会说出自己的看法，并让孩子提出证据来支持他们的看法。

工作方面

工作场合的问题不少，必须作许多决定。孩子的第一份工作会让他们遇到一堆从来没有面对过的问题。如果被冤枉了，他们该怎么办呢？如果他无法达成某项任务，该怎么办呢？提出一些情况，

并且帮助孩子思考该如何排除情绪因素，以便看出问题所在，并且提出合理的解决方法。

以身作则：我们都不希望将工作带回家，但是如果我们从不与家人讨论在职场上遇到的问题，以及解决问题的方式，那么，他们可能会认为父母不希望和他们谈论工作上的问题。如果你在职场上遇到问题，让家人知道你如何解决它，并询问他们如果面临这个问题，他们会如何解决。

亲子体验活动

好书基金会（The Great Books Foundation）致力于透过阅读经典文学作品，来加强人们的批判思考能力。他们所设计的"孩子的经典作品"（Junior Great Books）课程，被用在学校、课后活动或在家教育中。学生针对他们所阅读的内容，提出问题——特别是提出"为什么"的问题。以下是从好书基金会网站上的父母区（Parents Corner）节录的内容。与其说这是个活动，还不如说这是一种思考方式，能够增进各年龄层的孩子批判思考上的技巧。

在家阅读并对话

年幼的孩子靠着每日的听、说、玩，发展阅读前重要的语言技巧，将想法以言语表达出来、学习以新词汇描述感觉和环境。孩子知道他们的想法和言语受到重视，这些都有助于培养孩子的语言技巧。此处也提供活动建议，父母可以帮助家中的学步儿或是学龄前孩子培养这项重要的能力。

对话的艺术

从婴儿时期开始，孩子便尝试着以口语或是肢体动作，与他人进行沟通。这些都是为引起你的回应。当孩子示意要拿一件东西时，父母就说出此物品的名称，并且尽可能补充说明。"这是饼干。有巧克力片的饼干，好吃的巧克力片饼干。"

其他鼓励与孩子进行对话的方式还包括：

让孩子的兴趣成为对话的重点

当一些事情引发孩子的想象力时，父母不妨把自己当作对此领域一无所知的人，让孩子成为专家。父母可以提出问题，只要孩子喜欢回答。

用餐时，分享家人消息

问一些需要多加说明，而不只是回答"是、不是"的开放性问题。例如，不要问"今天在游乐场玩得愉快吗？"而是问"今天在游乐场跟谁一起玩呢？"或是"你最喜欢在游乐场玩什么呢？"

接受片刻的寂静

孩子通常需要时间来组织想要说的话。如果父母插嘴剥夺他们安静的时刻，那么孩子便没有机会将他们的思想转化成言语。

将电视关掉

当其他的刺激吸引孩子的注意力时，是很难让他们专注与你谈话的。

当孩子看电视时，挑战他的看法！

与孩子一起看电视时问他问题，例如，"为什么你认为它会发生？"等这类问题，可以让孩子跳脱当时的情境，并且连结到重要的批判思考过程。

让孩子有机会和家中访客谈话

孩子能够学习到互相介绍、问候，也可以听到不同的观念，而有新的看法。

阅读的喜悦

不论孩子年纪多小，念书给他们听，这是培养热爱阅读的第一步。从随着书本上文字的方向、翻阅书本，接着声音与符号同步，孩子在反复聆听心爱的故事中，自然而然学到阅读的技巧。

以下是念书给孩子听的一些秘诀：

· 念书的速度比正常说话速度慢一些，并且要有丰富的表情。

· 鼓励孩子指出书中的事物，并且问问题。

· 适时停下来，询问孩子接下来会发生什么事情。

· 重复念孩子最喜欢的书。他们喜欢重复听同样的故事。当孩子对故事里的字汇和情节越来越熟悉时，他们会开始结合某些字音和拼法。这就是所谓的建立"影像词汇"。

· 读完故事之后，分享书中最好笑、最悲伤、最恐怖或最有趣的部分。

· 和孩子分享你对故事的反应，以及你对故事产生的问题。你会发现这种讨论有令你意想不到的惊奇效果。

第6章

06

信息管理的优势能力

生活在当今信息时代的孩子，需要经过不断练习和引导，才能优游于信息之洋。那么，该如何帮助孩子了解资料的来源并以有效的方式整合资料，让资料为自己服务呢？

"妈妈，我可不可以打电话给玩具反斗城，询问他们游戏的价格？"克里斯多福问我。

"当然可以，"我回答。"你知道电话号码吗？"我对于他的主动感到惊讶且高兴。通常我必须为他做这些事情。"我没有电话号码，但是我会去查一查电话簿，没问题的。"他以一种前所未有的自信口吻说着。

我看着九岁的大儿子，嘴中一边念着字母顺序，手上一边翻阅着电话簿。他的手指头停在所要找的信息上，脸上浮现出笑容。我离开现场，但在附近还是听得到他的说话内容。他拨了电话，我听到他有礼貌地询问店经理问题，向经理致谢，并且挂上电话，顺利完成任务。一股自豪的感觉，涌上我的心头。

"真是个好榜样，"我轻声地自言自语。他的弟弟可以从哥哥身上学到这项技能。

能够有自信地翻阅电话簿、字典、名片目录、百科全书或是上网，这些都不是一朝一夕便能够应付自如的。不过，一旦孩子知道应该到哪里去找需要的资料，父母几乎不需要提供什么协助。父母只需要花一点点时间告诉孩子，该如何在家充分地使用各种参考资料。

在现今的时代里，光是能找到正确的信息，就已经是一项了不起的技能了。孩子必须经过不断练习和有更多的经验，才能优游于今日的信息之洋。接下来是，孩子如何处理他们找到最重要的信息？成人也会有同样的问题：某人可能找到一个令人难以置信的事实，能够改变无数人的生活，但是如果无法有效管理信息，他们的真知灼见很可能在找到适当的沟通管理方法之前，就已经消失不见了。

在管理信息方面，过程是重要关键。

实行在家教育的那几年，我的两个男孩各自选定一个主题，进行独立的研究计划。对小学一年级学生来说，这似乎是个太沉重的任务。在他选定主题之后（狮子和老虎这类大型猫科动物），我们从图书馆借出一大堆相关的书籍和录影带。下一个步骤就是分析、解读信息。我们一次只看一个资料来源，每看完一项资料，我要儿子告诉我发现了什么有趣的事情。我们将每个事实写下来，等到完成的时候，已经写下关于大型猫科动物的二十项事实。这是孩子阐释信息的第一次经验，结果非常成功。

为了让儿子能够分享信息，以便让其他一年级学生能够了解信息（他在一所小学对同年级的学生介绍大型猫科动物），我们决定以简单的书本形式呈现。我们本来要制作一个看板，但后来决定大声地阅读一份报告，再让同学传阅。我们依主题将所有的事实分类（猫科动物的种类、栖息地、饮食习惯），并以此分段。接着他将每个部分贴在纸上，制成草稿。大声读过一遍之后，他作了一些修正。修正之后，我帮他打字，再将完整的稿子打印出来让他画图。我们将八页全部装订在一起，由他设计封面。最后，整本书完成了，非常精美，儿子当然为此成就感到骄傲。

想要有效率地管理信息，父母必须教导孩子如何从许多不同的来源取得资料，如何分析资料对于主题是否有用，如何以最可行、最有效率的方式整合资料。最后，统整所有资料的能力，让他们具备传达创新观念的能力。

善于取得资料

知道该从何处寻找资料，是第一个步骤。知道该向什么人寻求帮助，也同样重要。但是在忙碌的生活中，没有什么时间可以找到所需的资料。父母首要的任务在于教导孩子主动寻求答案。成功的信息管理者会自己寻找答案，而不是只会看讲义。答案就在不远处，但是孩子必须学着自己找出答案。

关于取得信息的来源，孩子（和大人一样）会有自己的习惯。在小学里，如果有特别的报答，有些学生通常习惯寻找书面资料。有些学生则喜欢上网找资料。由于大部分学校都可以上网，现在，学校老师会鼓励孩子至少引用一些网络信息，列为参考。

大专院校则是期望入学的学生将来都是优秀的研究人员。但是，由于小学和初、高中多半没有教授孩子这种技能，因此如果没有人教孩子这种技能，父母就得亲自教了。

在我成长的过程中，曾经以为要获得很多不同的资料，意味着要使用一半以上的百科全书，今天，我们有太多的信息管道，书本、期刊、报纸和网络、互动式光碟、录影带，都是孩子在做学校报告时，可以运用的资料来源。善用各种不同的资料来源，会让报告更加有趣与完整。

为什么多样化的资料很重要？身为老师与作家，我可以告诉各位，不同的研究可以帮助我们减低资料的不一致（前后矛盾）与错误性。当我们的小儿子为本州历史报告，寻找相关城镇的资料时，我们发现该城镇有一个重要的人物与历史发展相关。但是，这个人的名字拼法，在刚发现的两个资料来源中，却是不一样的。很明显地，我们必须寻找更多资料以确定哪个才是正确的拼法。在信息爆炸的时代里，这种事情是常常发生的。事实并非总是精确的，而研

究者却有责任去发现最可靠的资料来源。

搜集各种不同资料来源的另一个理由是，针对某项主题，每个作者都有自己的观点，不同的作者会有不同的观点，也会专注于不同的角度上。使用不同的资料来源，可以了解更多观点，这样报告会有较平衡的理解。

从各种不同来源找寻资料，就像撒网捕鱼一样。当你将网子撒入水中拖回船上时，可能会捕获各种不同的鱼。但是如果你想抓鲔鱼，就必须从所有捕获中挑选你所想要的，而将你不想要的丢回海里。同理，一个来源可能会有不同种类的资料。一旦你有了丰富的收获，接下来要做的，就是检视你是否已经找到所需的资料。

我们的长子在六年级时，开始参与科学展览计划，他必须找寻关于柑橘类水果与电力相关的资料。当时他探讨的问题是"哪种柑橘类水果会产生最多电力？"为了了解水果如何及为何产生电，他必须阅读相关资料。当我说"找资料作些研究"时，我的意思是"找寻关于这个主题的资料，越多越好，但只要将相关的资料带回来。"他也如此照做。

他从网络开始搜寻，输入关键字"水果"与"电力"。他以许多不同的字搜寻，包括"科学展览计划"。接着他去图书馆，在线上书目查询中输入同样的字。找了一个星期的资料之后，他有堆积如山的资料、书本、杂志文章，也有一些实际的科学研究。要看这些资料真是累人！接下来要过滤并且评估这些资料是不是他所需要的。

懂得分析资料

这是我们每天——不管是在家里或是在工作上——都会做的事情。譬如我们帮亲朋好友挑选理想的礼物，就是一种分析。我们靠着对这个人兴趣与品味的了解，知道为他所挑选的礼物，是否合适。我们评估每项选择，了解是否恰当、合用。最后要决定的时候，可能必须在两件物品中作选择，这会让我们更深地分析物品的特色，以便作出最理想的决定。

你的孩子知道如何阐释信息吗？孩子有没有能力以书写或口语的方式，表达信息内容，让人容易了解呢？有时候我们搜集的资料，必须向第三者说明。（孩子必须学习如何用精简的方式与人沟通。）

我们花了四年的时间在家教育孩子。在这段期间，我有机会针对这个部分加以强调。当我还是学生的时候，对于指定的报告，我并不知道该如何向老师提出自己知道的资料。一直到了上大学的时候，我才学会有效率地作出总结、阐释及整合资料。现在我知道小学一年级的学生也可以学会这个功课，因为我儿子就是如此！

当你在评估事情的时候会衡量其价值。该资料的特性是否与你的研究相关？为什么这个资料会吸引你的注意？这项资料是否能够回答你的问题或满足某个需要？想一想，为什么这个资料吸引你。在整合的部分中，我们会有更多的讨论。

有效记录重点

有些老师会鼓励学生在一年级的时候开始记笔记。但可惜的是，老师们的想法不太一致。有些老师会教，有些则不会。所以有些孩子无法将老师课堂上的讨论，熟练地写下来。但是当孩子升上中学的时候，通常要会记笔记。

当我们的孩子从在家教育转入六年级公立中学教育时，他有一项比较弱的领域——他不太知道什么是应该写下来的重点，什么不是。而他的笔记内容，有时连他自己也看不懂！我们一起努力，才帮助他学会这项重要的技能，到了学期末，他已能顺利地记笔记了。

当时他还不是很纯熟，但是已有明显的进步。

与记笔记相关的技巧，就是找出每个段落的重点。这项技巧能够帮助孩子分辩什么是重要的、什么不是。父母可以利用亲子共读的书或是报纸上的报道，在家中练习。事实上，报纸是练习找重点的最好材料。

当孩子学着去判断所读过的资料时，他们会更加注意自己所听到的事情。大部分的老师会运用并支持这个技巧，但是父母亲可以提供更多帮助。如果你的孩子在学校还没学到这个技巧，有许多方式可以教他。如果孩子只是一、二年级的学生，你们可以一起看部影片，然后要孩子写下他从影片中学到的事情。如果孩子年纪较大，父母可以给他不同的资源，让孩子提出想法，或是写一段他从每项资料中学到的事情。

有时候，我的孩子会从图书馆抱回一大堆书，就只为了写一份作业。如果每一项资料都用上，会是件累人的工作。孩子很容易感到疲累而决定放弃。这时，父母可以帮助孩子将工作分成几个步骤。

利用便利贴是个好方法。利用小张贴纸标示出书本中个别的事实，利用大张的贴纸标示出相关的段落。每一项资料都如此做，并且在找出每一项相关信息之后，让孩子将标题、作者、页码，以及参考书目中所需的其他资料写下来。

制作参考书目是小学高年级学生必须学会的，但是早一点学习也没关系。因为显示作业所引用的各种资料很重要，也能为作者带来信誉。除了这些显著的理由之外，孩子也必须尽早学到，对于不是他们提出来的见解，不该占为己有。

有条理地整理资料

诗人威廉·布雷克（William Blake）曾经说过，"我必须创造一个系统，不然便得受他人的系统所奴役。"你的孩子是如何整理资料的呢？孩子是否会创造一个系统，方便管理资料，还是最后把资料散得一屋子都是呢？或许我们该问的第一个问题是，"这些资料应该放在哪里呢？"

你是否对保存重要的电话号码或地址感到烦恼？还是你已经为结婚纪念日收集了相关的游轮度假资料，但是却怎么也找不到？或是你联络同一家保险公司三次，要他们提供你报价，因为你之前的资料都不知道放哪里去了？或许你擅长搜集资料和评估资料，但是管理资料也同样重要。

为了能够有效管理资料，我们需要建立一个系统。不过在此之前，我们必须了解，自己是个井然有序的人吗？在哪方面必须加强、改进。在我们的世界里，秩序是一切的法则，从摩天大楼到生态系统——如果没有秩序，一切都会混乱不堪。记录资料的系统能够让我们个人的生活不至于杂乱无章。（顺带一提，我对'混乱'一词的定义和哲学家的定义不同，在家里混乱的意思是，"不能邀请任何人来家里的状况"！）

从归还图书馆的书到消失在某个背包"黑洞"里的学校报告，孩子要学会管理的东西还真不少，而且必须以他们认为合理的方法来管理。身为父母，我们必须让这件事成为首先要务。有许多实际的方法可以鼓励孩子，然而这些方法都需要专心投入。

当儿子开始为科展计划找资料的时候，他收集了许多资料，也作了不错的评估。但是我却发现他将资料散放在书桌上、地上、床底下、满是物品的背包和置物柜里，或是夹在电脑桌和墙壁的细缝中。或许某次他可以找到所要的资料，但是每次都能如此顺利吗？可能不会！我们该如何处理这种混乱的状况呢？

以下是一些保存资料的方法，以供参考：

1. 档案夹

这是收藏各种书面报告最经济实惠的方法。当孩子说要做报告的时候，你可以拿出一个档案夹，写上报告的名称，再拿给孩子。千万要记住，光是将档案夹拿给孩子是不够的。或许你会觉得档案夹使用方便、容易，但我却常常发现孩子把纸放在档案夹上面、下面、旁边，就是不放在里面。所以，你必须对孩子解释，每张与报告相关的纸张都要放在档案夹里面。对于较大型的报告，可能必须用上多个档案夹。将这些档案夹贴上标签，放在一起。

2. 电脑

学电脑对每个学生来说都是有益处的。即使孩子喜欢以手写方式记录资料，仍然需要学会文字处理和电脑打印的技巧。孩子是否能够将资料以档案形式储存，并在需要修改的时候，找到档案呢？孩子是否能够打印资料，并且改变打印选项，以便打印出最佳的品质呢？如果电脑对孩子来说，只是电玩游戏的升级，那么他错过的机会可真是不少。许多学校都有电脑教室，或许这些教室不是学习电脑技能的最佳场所，但这至少是一个很好的开始。不过，如果孩子的学校没有提供这种学习机会，父母也不需等学校来教。现在有许多教打字、以及其他电脑应用程式的软件，有些甚至是为幼儿园孩子所设计的！打字输入是需要持续练习的，每天让孩子练习十分钟，孩子马上便可以学会打字了。

利用电脑磁片储存资料、学习档案格式、存取资料，以及将资料从磁片中打印出来，这些都是有用的技能。不过，父母同时也要提醒孩子，不要将报告做得太过花俏，将页面弄得花枝招展，并不会使内容本身更加完整！记住，最终目的是要产生一份有品质的报告，有助于资料的呈现。如果孩子能够利用网络找资料，可以将有趣的档案或图片，存入磁片或硬碟中，以供将来使用，如此可以大大减少在档案夹中放置纸张资料的数量。

3. 书本上架与储存

每个孩子应该要有自己放置书本、讲义的空间。百科全书、字典，以及科学、历史书籍的参考书，应该摆在容易拿取的地方，不宜分置多处。随着互动式光碟的发明以及网际网络的流行，地图、百科全书这类的资料，都已经数位化而更方便使用了。据说，很快我们就不再需要书架了！不知道你觉得如何，但是我认为还是会有人喜欢使用"旧式"书籍、"实体"杂志，以及"摸得到"的参考书。以上这些东西都需要有很好的维护，并在家中有个井然有序的地方可供保存。

现在，孩子的笔记本、多余的笔，以及订书机、打洞机、胶水这类文具，都放在哪里呢？父母可以将这些东西放在同一个地方，方便取用，并且鼓励孩子养成物归原位的习惯。你可以将所有东西放在柜子或是抽屉里，但有时候，各式各样的篮子也是放置大量学校文具、用品、工具，以及这些档案夹的好地方。篮子的好处是可以随身带着走：当孩子要做科展的报告时，可以直接将需要的文具带着走。

能够整合资料

上研究所时我才惊觉到，由于大量阅读、研究以及报告，使我必须在大量和各式各样的来源中寻找资料，接着要将资料内容做出摘要。但是我发现最麻烦的是资料的整合。我知道该如何提出论点，该如何分析，以及评估资料。但是资料整合对我来说是全新的事物。当我终于学会整合资料时，在我面前好像展开了一个全新的世界。我看到更多的可能性。我的梦想似乎可以具体实现，可以随时对最伟大、最受人尊敬的理论加以质疑。

或许可以这么说，整合资料的能力是看出天才的指标。不论我们是在研究所的课程中或是在幼儿园里，整合资料的能力表示我们能在旧的事物中看出新意。成功的资料管理就要靠敏锐整合资料的创意。

"整合"这个字的意思，是将不同的部分或是因素结合在一起，成为一个完整的复合体。一旦所有资料都已收集到手，并加以分类、做出摘要，我们会得到什么呢？我们从中看到了什么新的东西？结果是什么？在学校里，学生学着如何写主题段落，但是他们通常最后才学到写结论。在写作方面有许多的公式，大部分的学校也致力教导自己的写作公式。不过很多学校并没有抓到重点，亦即这些资料告诉你什么事情？从这些资料中，你可以学到什么新的东西？

我曾经应邀担任四年级写作比赛的评审，这是由邦诺书店（Barnes & Noble）所举办的作文竞赛。我一共阅读了120篇参赛作品。我的工作是要从中选出三位得奖者，可想而知，这并不是件简单的任务。不过情况却是这些文章都不够好，我找不出三篇值得获奖的文章。

从技术上来说，参赛学生个个都是写作好手，都遵循着写作的公式。但是我却看不见他们所呈现的主要观点，及真正引起写作的动机。他们的文章无趣而呆板，看起来像是被处罚或是被迫来参加比赛。

我想告诉他们的是，他们所写的主题中，要表达出自己的意见。读者会想知道，你是如何运用这些信息，以及你从经验中得到什么。此外，到底是什么原因让你兴奋得雀跃不已，是什么让你对数周、数月，甚至数年以前阅读过的资料，还记忆深刻呢？作家在写作的过程中学到了什么，让他改变想法，并且让读者也改变想法呢？

即使是小学老师都可能因为阅读学生的文章，而使他们改变对某件事情的观感。我记得有位六年级学生，从美国印地安人的角度述说美洲野牛的故事。当时我目不转睛地看着文章，到最后我非常感动。这篇小文章，改变我对美国重要历史的一些观感。你的孩子也会带给老师同样的震撼。

成为资料管理员就像是做侦探，要找出犯罪的真相一样。父母的任务在于对孩子解释，要寻找不一样、惊人、更有趣的事实，收集资料，并且让自己沉浸于报告当中，直到知道整件事情的来龙去脉为止。最后，当你终于要将自己的发现公诸于世的时候，这些论点才不会因为别人所提出的问题以及反对的声音，而站不住脚。别人的提问将会引发你的热情。

管理信息的能力，可能比其他技能更能产生令人惊奇的结果。这是一项能够扩展我们智力边界的技能，并且教我们更清楚、更广阔地看到特别的领域。一旦孩子学会管理信息，便能从这一小步进入想象力永不休止的探索中。

父母学习时间

你是否经常将所有东西都丢入"传阅档案"中，而不将得到的所有资料加以管理呢？取得有用的资料是一项技能，但是要整理这些资料又是另一项技能。如果你没有管理资料的系统，或者无法鼓励自己持续使用此系统，你可能得在帮助孩子之前，先问问自己下列问题。

·你的书面档案是否容易找到并取用？你是否经常过滤这些资料，而将真正需要的资料保留下来？

·对于所有账单，你是否有系统地加以管理？

·你是否会利用日历记下要做的事情和活动？

·你的资料管理系统，是否包含次分类，像是放置购物折价券，或是婴儿房布置点子这类特定的事项？

·你如何处理家中过期的杂志？你是否会保留所有目录？从学校带回家的资料又如何处理？

·当你计划购买高价位商品时，例如：汽车或冰箱，你会将收集到的资料放在哪里？

·如果有更方便的方式出现，你会考虑使用这个管理系统吗？

从三方面进行

我们都必须学会整理资料，并且以准确、对接受者方便的方式呈现。不妨尝试下列建议，鼓励孩子培养这项重要的技能。

家庭方面

策划聚餐活动需要整理许多信息，以及沟通联系。聚餐的地点在哪里？是否需要花钱？每个人该付多少钱？你可以邀约多少朋友？聚餐时间多长？你要提供什么布置以及活动？这些东西需要多少花费？你如何邀约？你该如何记录邀请回函？

以身作则：如果孩子的年纪太小，无法自行策划聚会，那么可以让他观察你在策划时所做的每一件事情。

学校方面

如果孩子决定竞选学生会会长，该如何参选呢？他的政见是什么？该用什么方法传达这些政见呢？要如何制作传单和海报？

以身作则：你是家长会或是其他委员会的成员吗？你将相关的文件资料放在什么地方？你和其他委员的沟通方式如何？你和委员会之外的成员，又是如何沟通的？

工作方面

孩子长大以后要做什么呢？也许他想要当一名兽医，但是他知道这项工作的内容吗？孩子是否晓得，应该或是进入什么学校接受多久的训练？孩子知不知道有各种不同的兽医？你该如何开始过滤这些选项呢？应该如何评估工作是否符合自己的学业、经历，以及家人的期望和需求呢？帮助孩子走过这段过程——就算孩子最后改变主意，也不要因此而感到气馁！

以身作则：尽管孩子不想成为有证照的会计师，总有一天他们得自己报税。在报税的时节，组织税务资料，并且准确地呈现，这对于喜欢数字的孩子来说，是个可以学习的有趣过程。对孩子来说，逐项列出扣除额，是展现正式资料管理技能的大好机会。

亲子体验活动

管理资料并不局限于文书工作。家庭照片和纪念品也可以依年代排列，或是以美观的方式加以组织、整合。如果你从未帮全家制作一本剪贴本，现在正好可以让孩子一起参与整个过程。你甚至可以让他们制作自己的剪贴本，并帮助孩子将想法与创意落实在剪贴本中。

整理家庭资料表示我们的回忆是重要、值得记住的。关于剪贴簿的制作方式，可以参考创意回忆网站，网址是：

www.creativememories.com。

第7章 07

乐意合作的优势能力

你一定知道，在当今竞争激烈的社会中，单枪匹马难以立足。如何让你的孩子成为一个乐意合作的人，与一群人一起迈向成功呢？

有八名十二岁大的孩子参加克里斯多福的生日派对。当时简直是一团混乱。克里斯多福原本计划教他们玩一个角色扮演的游戏，所以他忙着指挥这些人、解释规则并且设定比赛。其中有一个男孩从来没有玩过这些游戏，显得有些担心。克里斯多福自愿与他同一组，以便刚开始的时候可以指导这个男孩。游戏一开始，儿子包办所有角色，他既是指导员、指挥者、啦啦队、比赛者、仲裁者，也是好朋友。我难以置信，这个生日派对竟然非常成功！

在同一个月里，克里斯多福参加一个科学竞赛的团体。队里一共有三名学生，克里斯多福是队长。但是三个人一起努力八个星期之后，却没有什么进展。离截止日期只剩下两个星期了，克里斯多福仍无法让其他两名队员完成他们应做的部分。到最后由他一人独自负责整个工作。

从他露出失望和挫折的神情中可以看出，他不清楚到底是哪里出了错，因此我问了他几个问题。我发现他并没有和其他成员详细沟通他的期望，也没有鼓励其他队员参与，而其他人也没有参与策划过程。我俩发现，在某些情况下，合作比领导更重要。

对孩子来说，要决定什么时候该领导、什么时候该跟随，是很困难的。这需要练习。老师可以在某些场合中培养孩子的领导能力，但是老师的投入，还不足以让孩子养成一生的习惯。在家里，有许多机会可以培养合群的精神。从定义上来看，"家庭"就是合群。孩子想要成为真正的领袖，就必须知道如何与人合作。以下的重点，可以帮助家长培养孩子像成年人般成功地与人合作的技能。

乐于参与其中

有些孩子不喜欢参与团体活动，有些孩子则没有这个问题。有些孩子在团体中似乎总是处于领导的地位。如果你的孩子是天生的领袖人物，你可以鼓励他们参与某个他们无法领导的活动，像是棒球联盟或是钢琴课。等到孩子年纪稍大时，再鼓励他们竞选学生会会长，或是在学校成立社团，甚至可以让他们负责筹划一个募款活动，或是拟定社区服务计划。

想一想，有什么计划是全家人可以一起投入的？有没有什么服务工作是全家人可以一起参与的？或许你们可以帮助无家可归的人，或是进行环境整洁计划，例如：清扫道路、公园捡纸屑。每个人都应该学习成为团体、家庭的一员。

琳达·卡弗琳·波波芙在《家庭美德指南》一书中，描述了53种值得在家庭中培养的美德。我在此摘录几项关于合群的部分，其中有三类是确定该教孩子的，可以每天花点心力培养孩子这方面的美德。

生活得有目的可以从下面这个问题开始思考："你想要完成什么事情？"但在这之前要先知道什么是适当的目的。"对谁来说，这是个重要的目的呢？"许多人起初的动机是正确的，但是在过程中却忘了不断反省。如果你的动机不真诚，或是你无法专注于适当的目的，那么你的投入只会产生反效果，常常会有分心的情况出现。孩子要特别努力，才能抗拒这种情形。想要继续维持原来的路线，就必须常常看到目标。团体目标和个人目标同样重要。身为团体中的一员，别人相信你的目的，对团体的动机来说是适当的。但仅有适当的个人动机是不够的。如果团体中有人对于团体目的不清楚，他们便会困惑，没有目标，并且造成团体的失败。

可靠性让别人知道我们可以信任，不用担心我们是否能够完成所托。别人知道你会完成任务，而不会忘记或是需要别人提醒。这是非常重要的人格特质，有些人并没有这样的特质。当孩子决定在团体中要完成一项特别的目标时，他们必须了解，大家都信任彼此会投注心力、努力完成目标。我们希望能和在乎自己说到做到的人一起工作。光说不练的人会让人一再失望。可靠，表示我们会实现承诺，就算心情不佳也会完成团体的托付。

尊敬是指重视团体中的规则及成员，如此一来，才能让生活更加和谐而有秩序。重视别人的意见、友善回应这些意见、别人表达意见时不打断，这些都是尊敬的表现。首先，对孩子来说，在学习尊敬团体时，懂得尊敬权威是重要的。教室是孩子家庭处境的延伸，如果孩子在家中没有尊敬之心，通常来到学校也会如此。团体中若有人缺乏尊敬之心，通常也会连带破坏整个团队的团结。

你在家中是否也以身作则，让孩子看到呢？你是否积极培养共同的目的，并增进彼此了解呢？还是只在孩子出现不敬和不负责任的行为时，才会有所回应呢？你是否可靠且有责任感呢？你是否让孩子看到你尊敬周围的人呢？还是你会不顾别人的感受，直接把心中的感觉表现出来呢？

愿意服务他人

父母可以在家中开始培养这种气氛，"这是我们共同的家，大家一起来照顾家庭。"找一些方法教导孩子为彼此服务，像是端汤给生病中的手足，或是当兄弟姊妹的功课太多时，主动帮他们分担家务。这种愿意服务他人的心，对于任何团体（包括家庭）的成功，都是很重要的，否则团体的目标将无法达成。真正的服务精神，需要具有以下三种特质：关心、追求卓越、助人。

琳达·卡弗琳·波波芙在书中说过，"关心是指对重要的人、事，表达爱心与关注。"对于你所关心的人，你可以用言语表达关心，或实际帮助他们做某些事。你关心某事，意指你会竭尽所能。有时孩子帮祖父母的花园除草，我看得出他们希望为祖父母做好除草的工作，因为他们关心祖父母。（然后我开始不解，为什么他们对于家中的除草工作，并不那么热衷！）当我想到自己是家庭的一份子时，我愿意贡献一己之力，增进全家的福祉。当我们关心别人，会藉着为彼此服务来表现，将别人的利益看成是自己的。如果我们漠不关心，别人也会看出我们自私的动机，对我们也不会加以关心。

追求卓越是描述我们做一件事情能做得多好。我们已经在第二章时讨论过品质的问题，追求卓越是达到品质的必要条件。在团体中服务，我们应该努力达到最好的品质。大部分的人都很熟悉这种感觉，当别人不想做好事情的时候，我们会感到失望与挫折！我们要教导孩子，不让别人有这种感觉。

最后，助人是服务精神中从关心而生的特质。助人是指在别人需要完成的事上给予协助，也许是因为别人无法独立完成，或是没有时间完成。关键是在于让别人高兴，而不只是自己高兴而已。丈夫常常会帮我做一些事情，因为他知道我不会做，或是根本没有时间去做。也许他也不喜欢做这些事情，但是他愿意为我而做，因为他关心我。每天早上，他会将满满一篮子待洗衣物放入洗衣机里。他知道我们的生活都很忙碌，以至于我根本没有时间完成一切家务。他上班之前的五分钟，对全家来说是帮了一个大忙。若要让团体运作得有效率，就得靠大家合力帮忙。而且，当我们帮助团体中的其他成员，而不是只做自己份内的事情，这表示我们的关心，也让其他人的生活更顺利些，这也是给他们的最佳礼物。

服务始于家庭。父母在家中所培养的特质，会延伸到整个外在世界。我的婆婆培养了她儿子良好的服务精神，我对此终身感激。

希望将来的媳妇也会对我有同样的感觉。

以协商达成共识

教导孩子如何勇于表达自己的观点是很好的体验，可帮助孩子在团体中进行协商。孩子必须能够提供新的信息，并且在受尊敬下传达他的要求。为了能够超越孩子的观点，他们必须学会考虑其他人的需要与偏好。以下三种特质能够带来成功的协商：肯定、体贴、弹性。

当你很肯定的时候，会对自己的决定或意见充满信心。同样，压力并不会因为我们从高中毕业，就此结束。在职场上、教会里，甚至是家庭中，我们都必须对自己的想法和意见加以肯定，但不是咄咄逼人。在团体中，你必须愿意让别人知道你会做什么、不会做什么。当你进行协商的时候，必须愿意为自认为是对的事情发声。

自我肯定与表现个人强烈企图心是不一样的。企图心旺盛的人会试着控制他人、强迫他人，甚至为达目的不择手段。自我肯定的人重视自己的价值，也愿意捍卫真理。他们会为自己着想，不会轻易放弃信仰。他们会问自己想要的是什么、需要的是什么。对特定的议题，他们会自由表达自己的看法和感觉。

体贴是协商的另一面。当你有体贴之心时，不但会尊重他人，更会尊重他人的感觉。这并不表示你在决定事情的时候，会受到他人感觉的左右。但这却能让你在进行协商时，保持平衡。别人和你一样，也为自己着想，捍卫自己的信念。重要的是，你也必须同样重视别人的想法和意见。

在团体中，如果大家都不能互相体贴，协商是难以进行的。夫妻之间倒是有许多练习协商技巧的机会。在争论时，规则应该是自信加上体贴，但对有些人来说，这并不容易。我来自纽约西西里家庭，可以大声、有自信地说出自己的意见，但是在我们的家中却常常忽略别人的感受。在表达自己意见和强迫别人接受之间，应该要划分清楚。家庭生活是这种美德的最佳练习场所！

最后一个特质是弹性。当我们与团体中其他人合作时，注定要面对各式各样的人，因为没有人是一模一样的。因此，我们必须在思考上保持弹性。如果你够有弹性，便可以接受新的想法或意见。假如你是柔软的，就能改变自己的意念。但这是否表示要妥协呢？是的。然而，这不必是一个非赢则输的状况，而可以是个双赢的状况。举例来说，在家中，我对丈夫的秩序感有所让步。"每件物品都有固定的摆放位置，"他说，"而且要物归原位！"但他也同意让我有自己的空间，我可以照自己的意思保持整洁（或脏乱）。确实如此，想要增加思想上的弹性，就像是练就肌肉弹性，需要不断练习。

神学家尼布尔（Reinhold Neibuhr）的作品《平静祈祷文》（Serenity Prayer）中说，"上帝，请赐给我平静，让我接受我无法改变的事情；请赐给我勇气，让我改变我可以改变的事情；请赐给我智慧，让我知道其中的差异。"弹性是我们较晚才学会的技能（我一直到结婚之后才学会），但是学会弹性的人都知道，它为我们的人生旅程提供更多喜乐！

耐心地教导别人

虽然有些人拥有教导的天分，但这是任何人都可以学习的技巧。较大的孩子对于年幼的手足、同学，较没有耐心，因为这些年幼的孩子不像自己，可以很快学会事情。所以做父母的在教孩子一项新的技能时，必须同时教导孩子对他人有同情心，以及尊重每个人的天赋。

丈夫承认他不是个好老师，他没有耐性。但是靠着练习和努力，他培养出这项技能。琳达·卡弗琳·波波芙说，"耐心意味着等待。也就是没有怨言地忍受落后或是麻烦的状况。"当我们在团体中一起工作时，免不了会有落后的情况发生。别人并不能马上了解你所要教他们的事情，因此会做错或者根本没做。此时，小组动力可能会很脆弱，而缺乏耐心只会让团体解散罢了。

对那些被教导的人展现同情心，会让他们知道我们在乎。每个人都会犯错，并且会让我们像个旁观者一样。琳达·卡弗琳·波波芙解释道，"有同情心是告诉别人他们并不孤单，这会让你成为别人患难中的朋友。这种感觉很好，同时会使你知道自己是可以帮上忙的。"

有一次，查理无法在时限内完成乘法作业。他感到非常挫败，不想再作任何尝试。哥哥克里斯多福发现了，鼓励他再尝试一次。这一次，查理有了进展。当哥哥称赞他的进步时，弟弟的表情完全改变。虽然还有很长一段路要走，但他开始更努力尝试。哥哥的同情心对他是多么重要啊！

在孩子面前称赞别人，是培养孩子尊敬他人天赋的好方法。每个人都有不同的天赋，花点时间辨认这些天分，是达到成功的重要技能。有时候，团体之所以没有效率，是因为成员没有注意到彼此间的真正天分。赞美可以鼓励这些成员，并且让整个团体动起来。

另一个培养尊重的方法，是共同从事某项任务，在过程中，你可以依照个人的天分分配工作。在车库举行拍卖或是社区庭院拍卖，都是不错的机会。有美术天分、会注意到细节的孩子，可以负责绘制标语。数字能力强而且组织力好的孩子，就负责收银工作。合群且人际取向高的孩子，可以用笑脸迎接客人。

拥有团队精神

你不需要到国外去，就能够体验文化差异。只要从纽约州开车到佛罗里达州，就可以有此体验。在我们的住家附近、学校和教会里，都会认识跟我们的信仰和行为不一样的人。在团体中，需要了解其他队员的习惯和语言。

孩子会发现，他们无法取悦、说服某些人接受他们的想法。因此，每天在家中、学校里、职场上，我们必须练习团队精神——也就是团结合作、圆融、欣赏。父母可以引导年幼的孩子，让他们能够顺利地与人互动，等到孩子长大了，就有能力与人"融洽相处"了。

团结会带来和谐、平静。与他人合作时，团结的精神能够使自己达成别人的要求。团结表示你重视个别成员对团体的贡献，而且不会强迫其他人以你的方式来做事。这不只是体谅，同时也意味着你和其他成员之间，找到共同的基础。人类的共同基础，就是我们是生活在同一个世界的唯一人类。人各有异，这并不是谁的错误，而是自然界固有的规律。

没有团结观念，人们就会有一种反抗的心态。在家中，这种想法会造成兄弟间的反目，或是父母偏心。在不同的政党、民族、宗教、收入阶层，甚至是夫妻之间，都可以看到分裂的情况。这可能是世人最大的对抗——希望能达到团结一致而产生的对抗。在团体中合作，必须找到一个共同的基础，可以是共同的目标，或是计划、理想。接着，我们可以发现其他人的天赋，善用这些天赋达到特定的目标或是目的。

当我们与不同的人合作时，圆融显得特别重要。我们可能会觉得"说实话"很重要，但是在说话之前要先三思。有时候，保持沉默是比较好的选择。在今日的社会里，我们可能过分担心会冒犯别人。换句话说，当别人很无礼而盛气凌人的时候，我们会选择说谎或是根本不说话，才不至于冒犯他们。圆融表示你说实话，但是以和蔼委婉的方式表达。在工作、人际关系上，我们都需要别人的回馈，因此，要学着提供及接受建设性的批评，这是与人合作时很重要的一项能力。

每个人都是不一样的。很可能你想改变其他人，但是你应该学着欣赏别人的观点。我知道自己想要改变丈夫奇普某些方面的想法，我相信他也想改变我的想法。但是，当我们想到人各有异时，就变得有弹性，可以接受我们所无法改变的事情。一个不能欣赏他人观点的人，往往会将自己的方法强加在别人身上，而无法与他人合作。爱抱怨的人会使团体的合作精神荡然无存。我曾经看过许多例子，某位老师破坏整体教员的团结，就只是因为他不能领会别人的观点。如此一来，壁垒分明，战争可能因此爆发，就只是因为缺乏欣赏。我们难道不应该培养合群的小孩吗？

成为合群的学习者需要不断地练习。想要合群并不容易，因为我们自私的天然本性，都想要为所欲为。家庭是训练合群的最佳场所。我们只有短短几年的时间，能够将这个重要的技能传授给孩子，让他们迈向成功的人生。尽管这个世界是个竞争激烈的地方，团结会让我们一起向前而不孤单。

父母学习时间

学习如何与人合作，迈向一个共同的目标，这是一项基本的技能，在家里，我们必须时时将他人的需求放在心中。有些人倾向控制一切，有些人却是尽可能推卸责任。在你想要引导孩子之前，先想一想你扮演什么样的合作伙伴？

· 你是否会完成团体中自己该做的事情？

· 你是否要别人依照你的方式做事？（请诚实回答！）

· 你是否会在作决定之前，先听听别人的看法？

· 当事情出错时，你是否会接受责备？

· 对于别人的意见、需求和兴趣，你是否会注意？

· 你是否会在言语及行为上鼓励别人？

· 你是否会遵守诺言？

从三方面进行

不论是在家中、学校或是工作上，与他人融洽相处的能力，绝对是重要的。是否具有这种能力，很轻易就能看得出来。同事的小孩如果常常在游戏场上跟别人打架，或是手足之间常常打架，那么这位同事的年终工作评估，很可能也是"在社交能力上，需要再加强。"

我们最好记住与他人之间的互动关系，我们每天都会从别人身上学到东西，也会教别人新的事物。

家庭方面

合作是从尊敬开始的。在家中，父母教导孩子尊重权威、尊重所有权、尊重他人。还有其他地方更能让他们学到尊敬吗？

以身作则：尊敬是别人可以看出，也可以听出的。你对家人的说话态度如何？你对他人的说话态度又是如何呢？在路上碰面时呢？讲电话的时候呢？你对姻亲的说话态度又是如何呢？你的说话态度，是否教导孩子学会尊敬呢？

学校方面

孩子有许多机会成为团体中的领袖。当孩子班上来了代课老师，孩子的行为表现如何？他是与其他孩子一起吵闹，还是与代课老师合作，并帮忙他呢？

以身作则：你是否与孩子的学校合作？你是与孩子的老师合作，还是反对老师呢？在家长教师联谊会，或是其他家长互助团体中，你是否帮助团体进行活动呢？孩子从你与学校的互动中看到了什么？你必须支持孩子，但是不需要与他人敌对。

工作方面

今日的公司会运用团队策略，因为这些策略会产生更高的生产力，也会创造更愉快的工作环境。就连麦当劳速食店也都是采用团队策略，你的孩子将来很可能会遇到这样的策略。鼓励孩子全心参与这样的团队，并且利用机会与他人合作。

以身作则：你和某些同事是否无法共事？孩子是否听你说起过呢？你是否尽力与他人融洽相处，并且让孩子知道你如何处理这些难处？

亲子体验活动

即使是在你不想的时候，仍乐意帮助他人——这是合作的重要因素。我们应该要乐于助人，不是为了奖赏，而是因为我们都属于同一个团体，有着相同的目标。为了达到这个活动目标，把自己视为同一个家庭里的成员。利用以下问题，鼓励大家找出帮助别人的机会。

·上一次你需要别人帮忙是什么时候（搬东西、了解事情、去某个地方……）？

·当别人帮助你的时候，你的感觉如何？

· 在家中、学校或是社区里，你可以帮助别人的方法有哪些？

· 如果你能够帮助别人，也真的做到了，你认为别人对你的感觉如何？

· 如果你知道某人即使接受你的帮忙，也不会说声"谢谢"，你还会不会帮他呢？

· 你是否曾经忘了向帮助你的人道谢呢？分享你的经验。

· 当你知道有人提供帮助甚至不求回报，你的感受如何呢？你是否会钦佩这种人？

第8章

08

有效沟通的优势能力

在家中，你叫孩子做什么事情时，他马上应答了吗？在学校里，你的孩子有什么困难或愿望时，能向老师和同学表达清楚吗？

如何教会孩子进行有效的沟通，还真需要学习！

"洁西卡，告诉哥哥将他的脏衣服放进洗衣篮里，然后洗洗手，准备吃晚饭。"妈妈说。

洁西卡踱着步伐，走去找哥哥。

"心甘情愿一点，好吗？"妈妈回应着。

"詹姆士，妈妈要你在晚餐前洗完衣服。"

詹姆士抬起头来，"为什么我要洗衣服？我从来没有洗过衣服。"他不可置信地说。

"我不知道，那是妈妈说的。"

接着，大家都在餐桌上等詹姆士吃晚饭。

"你哥哥呢？"

"我不知道。"

同时，晚餐的阵阵香味飘送到洗衣间去。"算了吧！"詹姆士将洗衣精丢下，跑到厨房去，一副饥肠辘辘的样子。

"将脏衣服放到篮子里，需要多少时间呢？"看到詹姆士，妈妈问道。

"我在洗衣服，"詹姆士回答。

妈妈惊讶不已地看着他。詹姆士正伸出手去拿桌上的春卷，妈妈阻止了他。

"你洗手了吗？"

詹姆士以为母亲特别找他麻烦，气冲冲地跑去洗手，整个晚上都是防御的状态。

还记得传话游戏吗？你告诉甲一句话或是一个故事，甲再告诉乙，乙再告诉丙，以此类推到最后一个人，由他将听到的话对大家重述一遍。通常他所重述的话，与原来的意思完全不同！为什么会这样呢？虽然我们的用意大多是好的，但出来的讯息结果却常是南辕北辙。在家中常常发生这种情况吗？

许多事情依赖有效的沟通。沟通不良是造成婚姻失败的主要原因。如果沟通发生错误，大家都会遭殃。那么，我们该如何学会清楚传达我们的思想、感觉和意见呢？

什么是有效的沟通？

演讲的人很清楚，当他忘词时，台下的听众会知道——就是当台下一片鸦雀无声的时候。你的沟通是否有效，可以由听者的注意力、参与度和回应来衡量。特别是只有两个人对话时，更是如此。当你对孩子说话的时候，你知道他们是否在听、是否听懂你所说的话。许多说话的人都错误地假设自己要说的话很重要，所以大家都会注意听。但事实并非如此。父母不应只是假设讯息已经传达出去了。

如果你了解听众，就可以预期他们会有的反应。有时候，不论我们多么有效地表达讯息，听众仍旧会有负面的回应。然而，口头的讯息如果没有成功传达，通常是单方面的错——也就是讲者的错——可能是因为准备不充分，或是表达出了问题。在你将失败归因于听众之前，先想想自己的传达技巧，才是明智的。

在家庭里，这个问题常常发生——在夫妻之间很容易造成严重的伤害。我们都知道，如果不愿意抛弃个人观点，事情常常会出错。父母期望孩子能了解话中所隐含的意思。记得这句话会有帮助的："想什么就说什么，不要拐弯抹角！"孩子需要父母清楚且有效地传达讯息，而且父母必须先有这样的能力，才能将这个技巧传授给孩子。

即使在这个信息爆炸的社会里，仍旧到处可见沟通无效的例子。这样的事情随时、随地都在上演。师生之间沟通不良，朋友之间沟通不良，家人、邻居、会友间的沟通不良，都造成各种无心的后果。

儿子的学校不断告诉学生，如果同学之间有任何问题，一定要告诉老师或是教职员。但是，当同学之间爆发口角，学生还是不会去找老师，行政当局也无法得知原因。学校的回应是，"嗯，我们已经告诉学生，如果有任何问题要来找我们。我们已经尽力了。"学校方面可能认为他们的讯息传达成功，但是他们却没有确认学生是否接收到、了解讯息，并且认同讯息。以此为例，召集学生宣布事项，并不等同于有效沟通，因为学生并没有认同此项讯息。

当父母与孩子沟通的时候，我们不能只是对他们说话。每个孩子接收到的讯息和诠释的方式都不同。如果孩子没有以口头回应我们所说的话，那么，可以确定的是，他们并不了解讯息。我们都应该以最有效率的方式传达讯息给听者。

如果从一到十分的范围来看，你会为自己的沟通效率打几分呢？只要练习一些简单的技巧，每个人都能够在这方面有所进步。

语调以及内容

父母最爱说，"注意你跟我说话的口气。"为什么呢？因为语气才是我们真正要表达的讯息。我们都知道，说话的语气比说话内容重要。讯息可能会因此淹没在我们的语气当中。

三岁左右的孩子，就开始出现不好的语调习惯。伴随语调而来的是肢体动作，包括：眼睛转动、双手叉腰、跺脚、下巴抬起、咬牙切齿或是双手交叉。家中有三岁小孩的人，一定看过这些动作。

使用语调的技能，会随着年龄的增长而不断发展，因此，尽早设定良好的行为标准，对孩子的生活是很重要的。如果孩子对长者的说话态度不敬，父母又不加以纠正，那么这样的问题是避免不了的。或许你会说"这是合乎他年龄的行为举止"，但这样的举止并不恰当。

许多家长可能不愿接受这种说法，但是孩子不尊敬的口气，其实都是学来的。所幸因为是学来的，所以可以更正。你在孩子口中，有没有听到自己说话的语气呢？我必须承认，当我听到孩子吵架的时候，他们的用字和语气与我的用字和语气一样。如果我希望他们尊敬别人，我必须先注意自己对他人的尊敬态度。当我们和别人说话的时候，孩子都在听。他们听到我们在电话中与人的互动，偷听我们谈论老师、朋友、亲戚。他们听到了什么？我们应该认真地好好想想！

或许你无法控制孩子在学校或朋友身上听到什么，但是你可以控制他们在家中所听到的话。他们会模仿大人的语气。同样的，父母必须提供他们正确的模范。

有效聆听

我曾经告诉学生，要善用他们的聆听行为。聆听的时候，眼睛应该看哪里？双手应该放哪里？嘴巴的动作又应该是如何？有效的聆听是恭敬地聆听，但这还不仅止于此。有效聆听也是积极聆听。当你聆听的时候，是否只是等着轮到自己说话呢？积极聆听的人会问问题、作评论、表示了解。你是否擅长有效聆听呢？孩子会从父母身上学习到这个技能。

在我们的生活中，花在聆听上的时间可能比花在其他事情上——像是阅读、写作或是说话（的确很难置信）——都还要多。

聆听是可以教导的一项技能。但前提是要先学会安静一段时间专心聆听。当孩子年纪还小的时候（十八到二十四个月大），是我们所谓的坐着时期（sit time）。每天至少一次，我会让孩子坐在地板上或是沙发上，戴上耳机，播放故事录音带。等到孩子不想戴耳机的时候，我则鼓励他们听五分钟的故事录音带。没多久，我将时间延长到十分钟、十五分钟，甚至更久。我们的目的是，希望孩子到了两岁的时候，能够坐着聆听两卷故事录音带，约三十分钟的时间。

这个活动需要注意力、耐心，以及静坐的能力——这些都是孩子必须学会的。其他早期就要培养的技巧，包括要多鼓励孩子在说话时站好，双眼注视着对方（而不是在说话时动来动去），作出回应"是的，妈"，以及马上回应别人的叫唤。当全家外出或是在公共场合时，我们甚至开始使用家庭哨子去召集家人。找出适合你家的方式，有许多方法可以帮助小孩子培养聆听行为。

孩子年纪稍长之后，父母可以教他们更复杂的聆听行为。学会当周围存在着许多令人分心的事物，仍能专心聆听，这是很重要的。孩子必须与讲者保持目光接触。当有人反对某项意见的时候，他们需要会聆听。孩子必须学会如何重述别人说过的话，让说话的人知道自己已经被对方了解了。这些都是成熟聆听行为的特征。

教室可能是个很容易让人分心的地方。孩子必须学会，尽管旁边有人打扰，也能专心聆听。接下来，他们必须学习在大讲堂的环境中聆听，这是他们在大学里上通识课程时，会遇到的状况。孩子需要学着聆听每个人说话——包括朋友、配偶、其他小孩，以及父母。他们需要能够在将来的工作训练会上，仔细聆听。毫无疑问的，有效聆听是成功人生中最重要的一项资产。

了解听众

如果孩子正在准备演说内容，他们是否使用适当的用语？听众是年轻还是年老？疲累还是快乐？不高兴还是无所谓？在我们说话之前，了解我们的说话对象是很重要的。同样的，我们也很有可能对朋友滔滔不绝，完全忘了听者可能对这个话题一点也不感兴趣。我们需要帮助孩子在说话或是写作之前，能够从自身以外来思考。

人是很自我中心的。也许你也注意到这一点了！我们希望能够尽可能、尽快地照自己的方式做事。了解听众的特征和需求，是一种尊重的行为。否则都是以自我为主。我们说话，不是为了自己说的；我们说话，要让别人有聆听的欲望。

有一些小线索，可以让你知道自己是否得到听众的信任与注意，但是，并非每个人都能够看得出来。有些健谈的人，总有一个特别的时间很难与听者调和，因为他们忙着说话！丈夫就是这样的人。他的老师在每年的成绩单上，都写着同样的评语！我俩结婚到现在，我发现可以利用一些明显的线索提醒他多多聆听。举例来说，当我们在餐厅和另一对夫妇说话的时候，我会将我的手放在他的膝盖上，藉此提醒他说太多话了。只有一方说话，对听者来说一点趣味也没有。察觉听者的需要是一项社交技巧，这通常需要练习。

当孩子有机会在学校作口头报告时，他们会很快地学到，什么能够抓住观众的兴趣、什么不能。举例来说，30个六年级的学生，在接近中午的时候，一定是饥肠辘辘，也许还会坐立不安。（问老师，他们最知道！）此时他们更想看时钟，而不想听口头报告。如果你言不及义，或是口头报告内容没有什么新意，要吸引他们的注意力是很困难的。同学可能没有在听，更别提主动聆听。以下是这种状况下，可以利用的几项建议：

- 与所有听众目光接触。
- 简单扼要。
- 充满热情、活力（但不要太过火）。
- 利用视觉辅助。
- 问问题，吸引听众参与。
- 说话清楚、有力。
- 说话有权威。
- 将主题与听众的生活相连。

　　学生有越多的演说练习，就越能训练他们说话的技巧。这对任何人来说，都不是件简单的事，有时候还非常令人害怕。但是在将来的生活中，这是绝对有用的。

📖 书面沟通

　　有些人认为，写作的艺术和技能，在电脑时代变得越来越不重要。我并不同意一个人的文字——包括你在网络上所写的东西——代表你这个人。当你收到一封错字连篇、牛头不对马嘴的电子邮件时，感觉如何呢？写作不仅仅是传达个人讯息，个人的书写技巧也很重要。

　　合逻辑的作文，是对读者的一种尊重。如果你的写作不合逻辑，你所要传达的讯息也可能受到误解，或是无法传达。有些人有天分，有些人则需要学习。但是，即使是有天分的作家，也需要学些技巧。写作是一项艺术，也是一项技艺。

　　学校重视写作的技艺，并以此测验学生。书面沟通在专业与社交生活中，是很重要的。丈夫是一家办公家具公司的业务代表。有时候客户对他，或是对他公司的第一印象，是来自于产品介绍信。他常常要我检查他的信件内容，以确保这些信件都达到专业水准、切重要点、尊重客户，以及清楚传达讯息。他信任我的判断，更甚于自己。他对说话较有信心，因此他会寻求帮助，因为他知道第一印象是很重要的。

虽然孩子在学校学到写作的技巧，但是以下几项有用的写作习惯，可以使写作更有力量且有趣。

1. 大声念出草稿

这是编辑过程的第一步骤，让孩子能够听到他们眼睛所没有看到的错误。当草稿完成时，大声念一次，这可以使任何形式的写作——包括散文、研究报告，或是500页的书——有所进步。

2. 简短

史昌克与怀特（William Strunk and E.B. White）合著的参考书《风格的要素》（直译，*The Elements of Style*）中建议写作的时候，"去除赘字。"即使是写长篇的报告，父母也可以帮助孩子用字精简。切中题旨才是重点。以越少的字表达想法，可以避免模糊讯息。

3. 使用简单的语言

这并不是说你不能使用拗口难读的字，但是我们不应该过份使用这些字。有时候父母必须提醒孩子，他们的写作并不是要以词汇令老师印象深刻。写作是要来传达讯息的——这是唯一的目的。

4. 使用不同的句型

大部分学生在写作时，只使用一种句型——简单句——一个主语、一个谓语，如"这只狗咬了这个男孩"。混合各种句型会增加文章的趣味。复合句、复杂句、复合复杂句都可以让读者不至于读到睡着——还有，注意不要让讯息模糊。

5. 适当的使用趣闻轶事

大家都喜欢听故事。即使是一篇关于粒线体的报告，也应该包含至少一则故事。如果以一个十岁孩子的妹妹被诊断出罹患粒线体方面的疾病，作为文章的开场，会让读者更有兴趣。这则讯息让人更觉贴近，因而更能感同身受。个人的讯息通常更能凝聚注意力。

辩论的艺术与技巧

辩论让很多人感到害怕，但是辩论的价值胜过焦虑。能够以有效的方式提出意见，并佐以支持的证据，这是一项卓越的技巧。辩论是说服别人接受自己想法的一种能力。其实我们每天都在说服别人——在家中、在学校、在职场上，均是如此。

在文森·罗及洛的《思考的艺术》（直译，*The Arts of Thinking*）一书中说，"有说服力的文章和演说，让观众能够抛弃原来的想法，而接受从前没想过的想法，或者是接受他们考虑过，却拒绝采用的想法。"罗及洛提供说服沟通的五项指导原则：

1. 有效使用证据

证据是指相关的事实、经验和你认为有帮助的观察。孩子（还有家长）需要了解，他们无法只是说"因为我说了就算"来回应任何反对意见。事实、经验和观察是说服听众接受你的想法时所必须提出来的。所以，最好是尽早让孩子学会提供证据与接受证据。当我们的孩子查理想要有自己的主张时，我会问他理由。通常他会很自然地回答，"我不知道，"或是"我就是想这样——就这么简单。"但是我们所做、或是所说的每件事情，都有原因。帮助孩子找出原因，并且为自己的意见找出证据。这对父母来说，可能是个新的习惯，但这绝对是值得的。现在我会对查理说："如果你想要说服我做，你必须至少给我一个充分的理由。"花点时间，要孩子提供一个有证据的答案。最后孩子会培养出这个习惯，并且主动为他们的想法提供理由。这是他们将来一辈子都会用到的习惯。

2. 尊重听众的意见

当彼此意见不合时，有人很有可能会发怒。一旦有人发怒，他们便无法再听你说话，因为他们已经认定你所说的都是不相关的。在《思考的艺术》一书中，罗及洛写道，"我们说这些与我们意见相左的人，是愚笨、可恶或两者皆是。但这种态度不仅使辩论破局，也会让说服越来越困难、越不可能。"这种情况在夫妻之间经常见到，但是青少年之间，也常常因为意见不合而生气。此时，就事论事是很重要的。记得，与你争论不休的人，应该获得你的尊敬。如果你想掩饰你的不尊敬，对方是很有可能看出来的。不要让争议问题扩大。说出你的意见，并且要知道，在这议题上一定会有歧见的。最重要的是尊敬与你沟通的人。

3. 从熟悉的观点开始

辩论或说服都需要一个共同的起点。听众需要一个论点的基础，最好是大家都熟悉的观点。共同的观点是很好的第一印象，能够在你和听众之间产生信任与可信度。有时候，惟一的起点是，彼此同意这是一个很困难的议题。

4. 选择最适当的语气

我们已在稍早讨论过这个问题。说话时保持冷静、客观和礼貌，这是绝对不会错的。

5. 回应所有重要的反对意见

当你已经选择一个相关的议题，很有可能对方有许多反对意见等着你。有些是对的，有些则不是，但这两种你都必须处理，否则这些将成为你的阻碍。试着在你提出说明的时候，直接回应所有反对意见。然而，如果你花太多时间在反对意见上，也会让你无法完全陈述其他更有说服力的要点。

苏格拉底式的提问法

这种行之有效的探索方法，让我们有机会去问为什么。有些人从小就不被鼓励问为什么。或许是因为这会迫使不想追根究底的父母，必须进一步深思。孩子很自然会问为什么，父母也应该尽量鼓励孩子问这种问题。因为这会扩充我们的结论，也会帮助我们评估其他人的意见。基于苏格拉底的教学方式可以迅速评估一个人对问题的知与否。通常，苏格拉底式的问题都是开放式的，也就是没有标准答案。

学习如何提问、回答这些问题，能够培养孩子的批判性思考、评估能力，以及知识的应用。这能挑战已知的假设，澄清议题，并由此看出学生的优缺点。市场上有许多关于苏格拉底对话式问句的有用资源，但是最有效的方法，还是在日常的生活中，实践这些步骤。你可能已经在日常生活中运用这些问题，现在可以进一步利用这些方法，探索孩子的动机：

·**澄清假设**：你的假设似乎是——；我们还可以有什么假设呢？我是否正确了解你说的话？你如何站稳立场？

·**澄清推理**：这与事件有何相关性？你是否可以用别种说法再解释一次？你可否提供例子？你是否可以进一步解释？你可否解释其原因？你说的是什么意思？为什么你会如此说？为什么你认为如此？你如此相信的理由为何？我们如何能知道你说的是正确的呢？

·**观点与看法**：持不同意见的人会怎么说？还有什么其他的观点？我们的看法有何相似？

·**含意与结果**：你的含义是什么？如果事情发生了，会有什么结果？

这种提问方式，是父母鼓励孩子有效沟通的另一项工具。

我们都是从问题开始。在我们的成长过程中，我们倾向避开令我们不舒服的问句。我们学会讨厌不确定感。探索和冒险，是你的孩子已经拥有迈向成功的两项自然要素。当你帮助孩子对自己所做、所听、所看到的事情提问题，你会发现你也在重新发掘自己天生的求知能力。生活、可怕的事件和各种议题，都会让我们麻木，让我们停止问为什么。但是找出原因是件好事，这是父母不该忘记的功课。

最后，我们都知道要成为有效的沟通者，需要练习再练习。父母越多与孩子谈话，越能帮助孩子言之有物，有说服力，并且培养孩子将来具备正面的沟通技巧。

父母学习时间

你是一位有效的沟通者吗？现在花一些时间评估自己的状况。找出可以加以改善的地方，并且培养与配偶、朋友和家人之间良好的沟通习惯。

·你说的话是否经常被误解？

·你是一位主动的聆听者吗？

·对孩子或配偶说话时，你是否注意到自己说话的语调？

·你是否曾经话说得太多，而没有注意到听者的需求？

·你是否会因为缺乏信心，认为自己无法与人有效辩论，而因此避免挑战别人呢？

·你是否鼓励孩子问"为什么"的问题？

从三方面进行

学习有效沟通，可以改善你的人际关系——包括私人以及工作上的人际关系。没有人会读心术，我们都靠着语言或是文字传达我们的讯息。有时候该说话，有时候该聆听。学会聆听，会让我们学到更多。

家庭方面

你叫孩子的时候，孩子会马上过来吗？如果孩子听到你叫他，却置之不理，或是没有回应，那么应该训练他们说，"我来了！"当父母给孩子指令的时候，孩子应该看着父母，并且回答，"好的，妈"或是"好的，爸"。如此，父母知道孩子在听，也可以让孩子对于你所交代的事情负责。

以身作则：我们都很容易分心。手机和电子邮件似乎能改善我们的沟通，但是，这些也会让我们聆听孩子说话的时候分心。当你和孩子说话时，尽可能减少这类干扰。将电视或手机关掉。当你这样做，孩子会更愿意说话——他们便不会有机会说你没有在听。

学校方面

亲师之间的沟通和师生之间的沟通一样重要。你的孩子对于要去找老师帮忙，会不会感到不自在？如果会，可能是因为他不知道如何做。鼓励孩子问问题。让老师知道孩子的困难，因而能够鼓励孩子。

以身作则：父母的亲师沟通技巧如何？确定你总是从老师得到信息，而不是从其他父母及学生获得信息。有礼貌地与老师沟通，谈论关于老师的事时也要注意礼貌。我们的孩子都在听着。

工作方面

听听老板对你的期望，也说说自己的期望，这些都是职场上重要的沟通技巧。在孩子准备从事第一份工作时，鼓励孩子问问题。举例来说，他可能不了解其实可以质疑老板的决定，但若因为个人或家庭因素而无法配合工作时间时，应该要能够向他的老板解释。

以身作则：必要时，你是否会与老板沟通？如果老板没有准时支薪，你会怎么做？如果老板要你休假时加班呢？让孩子知道如果出现这些问题时，你会如何有效处理。

亲子体验活动

尝试以下两个活动，鼓励有效沟通。

传"书"活动

这个活动可以帮助每个人学习给予清楚、明确的指令，以便达成目标。由一个人先画一张简单的图，接着指示其他人画出同样的图画——但是不能让他们看到先前的图。每个人照着指示完成之后，比比看大家所画出来的图。看看什么地方沟通成功，什么地方沟通失败。有时候成品看起来，一点也不像原作。每个人都轮过之后，讨论如何可以更有效地解说指令。

有漏洞的故事

这个活动源于娜旦·莱维（Nathan Levy）的图书系列，对于有效地提问有很大的帮助。

活动目的是引导孩子尽可能以最少的问题找到答案。先说明故事，例如："我要告诉你们一个故事，可是故事中有一个漏洞——也就是其中一个重要的部分遗漏掉了。仔细听，你一定能发现这个漏洞。在说完故事之后，你们只能问'对或不对'的问题。"

故事一：有个人害怕回家，因为戴防护面具的人在那里等着他。

答案：戴面具的人是棒球赛里的捕手，另一个人是跑垒者。"家"这个字是"本垒"的意思。

故事二：约翰与玛丽都在地上。地上有许多碎玻璃片，也有一滩水。玛丽死掉了。

答案：约翰是只猫，将装有名叫玛丽这只鱼的鱼缸打破了。

第9章

09

自信领导的优势能力

也许你的孩子是具有领导能力的人，也许你的孩子是领导的忠实追随者。这都需要你帮助孩子了解什么是真正的领袖素质！

"跟着我走！"表姐罗珊边散步边指挥着，我们不应该到森林里去散步的。我总是跟着罗珊走，因为她很厉害！但是我有些担心会被发现，因为我们在祖母房子后面的森林里玩耍。大人曾经警告过我们不可到森林里玩耍，而我也不喜欢违背命令，但是跟着罗珊实在很有趣。

　　我和妹妹努力跟上表姐的脚步。我们跟着她走过碎石子路，弯身通过低矮的树枝，跨过掉落的树干。我们跳过地上一道缺口，爬下一座有点高的石墙，来到下方的洼坑。这比我想象的还要深，而且里面有许多细细的灰色沙土——没多久，这种跟随领袖的游戏，让我们觉得疲累而无趣，因此决定打道回府。

　　但是，现在我们得爬出坑洞。要爬上那道石墙可不如下来时那么容易。每次我们踩好脚步，就会因为泥沙打滑而滑回地底。后来罗珊发现了一条出路。当她爬出坑洞外面，站在上头笑我们姊妹俩时，我们已经满身泥沙而气喘如牛了。然后她就不见了！

　　妹妹艾美哭了起来。我们试着找到可以攀爬的点，但是试了几次之后，我发现妹妹太小，根本无法自己爬出去，而我的协调能力也不足以维持两人同时一起爬行出去。最后，我们坐在地上，想着罗珊根本不会在天黑之前回来找我们的。

　　我才发现，不管罗珊怎么做，我们都完蛋了。如果她去找人帮忙，我们会因为到森林里玩而挨骂。如果她没有找人来帮忙，我们将待在黑暗中，不会有人发现我们的。

　　我为什么要跟着她呢？为什么我不跟她说要待在院子里玩呢？

我不但跟错了人，而且身边还带着妹妹！罗珊最后找人来帮忙，所以我们脱困了，但是从此以后，我再也不跟着她到处跑了！

领袖才能是天生的，还是后天学习的呢？家中有一个小孩以上的父母都知道，有些孩子天生就是领袖，有些就注定是跟随者。对于"跟随者"的小孩，我们担心他们会跟错领袖。他们是否容易受到同侪压力的影响？是否会作出将来后悔的人生抉择？对于"领袖型"孩子，我们会担心他们是否了解当领袖的责任？他们是值得别人跟随的领袖吗？他们是否拥有成功所需的领导技巧？

领袖的影响力能够影响其目标之达成。有效率的领袖必须与他人合作，让最佳的解决方案出现，而不是只提供自己的解决方案。约翰·麦斯威尔（John Maxwell）在《领袖21特质》（*The 21 Indispensable Qualities of a Leader*）这本书中写道，"一个领袖是否成功，与他的人格特质息息相关。要达到最高度的领袖风范，人们就需要由内发展这些特质。"

了解行为产生的影响

我们都是追随者，也都是领袖。父母带领孩子，孩子领导其他孩子。你所学习的是谁的态度、风格、行为呢？你的父母？社区里的人？精神领袖？还是牧师？我认为我们决定追随的对象，会改变我们的生活。有时我们跟错了对象。我们的英雄是谁呢？孩子的英雄又是谁呢？这些都是我们仿效的对象。

我之所以成为老师，是受到小学一年级老师的影响——我希望能成为像她一样的人！当我成为老师后，我也会很高兴听到以前的学生说，他们的人生深受我的影响，这是何等荣幸啊！

对父母来说，认识自己所追随的对象是很重要的，如此才知道自己会成为什么样的领袖。你是否曾经有过这种经验，你发现自己不再崇拜某个特定的领袖，并且主动追随另一个新的领袖呢？这世界的观点及信念正引导我们。

我们的心会随着意向走。一旦意向使你信服什么是真理，你的决定和行为会引导着你的孩子。这是领导训练最有效的方法。你是哪一型的领导者？父母如何为孩子提供最好的模范呢？

坚持自己的价值观

这是有效沟通开始产生效果的地方。当人们知道你追求的目标及方向，而且你的讯息清楚、简单和明确时，他们便会跟随你。领袖了解他们的听众，深信自己所说的话。

又到了"展示说明"的时间了。将父母个人的价值观、想法和观点都展示在眼前。如果我们告诉孩子不要抽烟，自己却忍不住点起烟来，这散发出什么讯息呢？可信度是决定有效领导的关键。如果领袖不可信，就算他的话很重要，影响力也可能会流失。当我告诉孩子在晚餐前不能吃甜食，自己却偷偷拿几片夹心饼干来吃时，我心中感到不安。丈夫奇普则是在限制孩子看电视而被孩子发现父亲坐在电视前看着赛车频道时，感受到这种压力。

父母有权做自己想做的事情，这或许没错，但是身为父母的我们必须记住，自由伴随着责任。如果你常常说这种"我可以但是你不行"的话，那么最后你对孩子的信用会降低。这会让你威信扫地。

善于聆听和建立关系

领袖并不会采取单独行动。他们领导整个国家或是团体，成功地运用其他人的技能，与他人互动。领袖透过不同的方式达到此目

的，其中最重要的就是聆听。

在有效沟通当中，聆听和说一样重要。会聆听的领袖，永远会有追随者。约翰·麦斯威尔说，聆听有两种目的：一是与他人联系，二是为了学习。为了能与他人联系，我们必须花些时间，更深地去了解他人。我们可能听到对方所说的话，却不知道他为何有这样的想法。我们必须去了解这些人的想法。如果我们先入为主地认为别人的意见不足取，在我们完成任务的过程中，可能就会错过可以帮助我们达成目标的人。

家庭与工作环境一样，皆面临多样化的动力。父母必须花时间去了解孩子为何会有这样的言行举止。你训练孩子行为端正，但是孩子却必须面对同侪压力。不论原因为何，父母应该试着多聆听。必要时，改变每日行程计划，设法挪出时间，聆听孩子说话。如果你忙得没时间聆听孩子说话，那么你真的是太忙了。

人际技巧是聆听的另一项工具。较普遍的说法是好的"社交技巧"。麦斯威尔说，能够优游于各种社交场合，表示这个人有爱心，能够了解、帮助别人。

"有能力认得每个人，了解对方，和他人建立关系，这是人际关系成功的要素。"麦斯威尔这么写道。每个人对相同情况的反应不同，价值观、信仰也不同。成功的领导人能敏锐地发现这些差异。

或许孩子应该改变他们的领导风格。最好的指标，就是看他们如何回应你的领导。

在成长过程中，我是个敏感的孩子，妹妹却是个傲气十足、爱争辩的人。因此，母亲对我们两人的教养方式也不同。她告诉我，当我三岁的时候，她要我在沙发上反省，我难过不已。但是妹妹却需要更重的处罚。母亲知道我和妹妹的差异，所以没有以相同的标准对待我们。现在我有两个儿子，他们之间的差异，就跟我和妹妹一样，我发现以不同的方式对待他们，是很有帮助的。

成功的领导人会与人建立爱的联系。世间上没有人要孤立度日。我们要和他人形成关系。如果我们不彼此相爱，是无法服务别人的。你的人际关系如何呢？在你的生命中，有没有人正因为你而受伤呢？努力修复这样的关系。你如何能够为朋友和亲人的生命加值呢？想一想，有什么方式可以为你生命中的这些人，表现你的爱心、怜悯和关心呢？

爱心着重在你所能给予的——而非你能得到的。

你是一个接受者还是施予者？你是否注意跟随者的利益和需求呢？想一想，有什么方式可以帮助孩子达到他们的目标？让孩子看到你伸手帮助他人。行动吧！即使没有心情，也要去帮助别人，你的孩子会看到，什么是真正的领导能力。

仆人领导风格

关于不同领导风格的书籍很多，但是想必每种风格、特质都有个人的特性。有一些测验可以让你知道自己的风格。然而，以下这种风格是公认最有效的：仆人领导风格。

尤金·哈巴克（Eugene B. Habecker）说，"真正的领袖会服务他人，服务人群，实现别人最大的利益，这么做可能不会总是受到欢迎或令人印象深刻。由于真正的领袖是以爱为出发点，而不是渴望个人的荣耀，因此愿意付出代价。"

将别人的需求放在第一，可能并不容易，但这却是领导他人的必要条件。消防队员将别人的需求放第一。我们不希望如此吗？教师将别人的需求放第一。伟大的领袖会以身作则教导我们该如何生活。尽管如此，仆人领导风格在今日社会中，是很难看到的。我们都看过一些负面的例子。但是就如同劣质的服务出自不好的态度，要

预知别人的需求便需要有正面的态度。

从他人的利益出发，这才是身为领袖真正成功的地方。所以，父母应该鼓励孩子真心聆听他人说话，关心他人，不只是追求自己的好处，开始服务人群。伟大的人都是谦卑的，他们愿意服务他人。

有清楚、明确的远见

领袖必须对未来有远见。我们认为一个有远见的人，拥有敏锐的洞察力。但是《韦氏英语大字典》对"有远见者"一词的定义是"一个想法和计划不切实际的人：一个梦想家。"一个有远见的人对于未来的目标，可能是不切实际的，但这是培养伟大领袖的必要条件。孩子是天生的梦想家。他们不会看到阻碍梦想的障碍，他们不会检查自己的梦想是否不切实际。为了帮助孩子对未来有远见，父母必须先改变自己的想法。

父母引导着孩子，因此父母有必要对家庭和自己的未来作计划，好作为孩子的模范。如果你从来没有为家庭规划一个展望，那么开始问自己下列四个问题：

1. 我拥有什么天赋，能更积极影响全家人？

你是否有什么特殊的才能或是能力？你是否善于鼓励他人？你如何表现你的爱？你知道自己"爱的语言"吗？如果你对服务很有天分，那么你和全家人的未来计划，也许包括服务大众。如果你有施予的天分，那么，帮忙社区的慈善工作，可能是你们全家的未来计划。学着找出家人的天赋。当你从其中看到工作所必须具备的天分和能力，那么全家人的未来方向就会显现出来。

2. 我的童年经验影响了我的教养方式，该怎么办呢？

过去的重要事件会在现在驱使你向前。你希望重复以往成长的家庭环境吗？还是你希望能够为家人创造一个完全不同的环境？悔恨和回忆都能唤醒并激发我们对未来的展望。

3. 我如何让家人知道我重视他们？

你的眼光应该比你能达到的还要远——服务他人表示你重视周围的人。在小事上也可以表现对家人的感激、关心和兴趣。

4. 家庭的远景是让全家人更同心，还是分裂？

如果你的远景只顾自己，将会让家人分裂。一个能够吸引人、使大家合群的远景，是将别人的需求放在首位。想一想你是如何计划家庭旅游的。你是否只想到自己的喜好，而最后让大家心生不满？并不是所有的家庭决定都必须很民主，但是一个无私的远景，能够服务别人、激发别人，并且能够完善运用团体中每个人的才能。

鼓励孩子规划自己未来展望的最后一些话是：允许孩子（还有自己）做梦。如此等于是鼓励他们的未来。想象自己是位领袖，就可能成真，并且让人们愿意跟随。如果孩子确信自己是领袖，便可以有自信地迎接世界上的一切挑战。

我们不是都对孩子拥有这样的期望吗？

"领袖型孩子"和"跟随型孩子"都可以从领导力训练中获益。每个孩子将来都有领导的机会，不论是成为学生、父母或是总统。当你拥抱孩子的时候，别忘了你是在培养一位未来的领袖，也影响着他对领导能力的认知。为这个世界培养一位值得大家跟随的领袖吧！

父母学习时间

每天我们都在玩"跟随领袖"的游戏，不论我们是否实现它。重要的是，你到底在跟随谁？孩子会跟随父母，因此父母知道自己跟随的对象、方向，格外重要。有效的领导并非仅基于拥有母亲或父亲的头衔而自然产生。

· 你是否愿意将别人的需求放在第一位，或是每天都是以自我为主？

· 你是否能够成功地与人沟通个人的价值观与观点？

· 你是值得信赖的领袖吗？你是否言行一致？

· 你是一位好的聆听者吗？

· 你是否愿意服务你所领导的人呢？

· 你是否为家人设立远景呢？

从三方面进行

我们都是领袖，也是追随者。孩子会以父母教导他们的方式来领导，因此，我们必须提供他们正确的模范。

家庭方面

孩子有许多机会展现领导力：在后院、在游乐场、在球场、在朋友的家里。孩子是否了解成为一位好领袖的责任？孩子是否老是一副"我最大"的心态，或是他愿意服务他人，满足他人需求？

以身作则：领导能力是从家里学习而来的。孩子观察父母的相处之道，从中学到如何对待他们未来的另一半。他们也会从我们对待他们的方式中，学到将来该如何引导自己的小孩。父母亲千万要注意这个重要的引导责任。

学校方面

当孩子还在上幼儿园的时候，父母可以鼓励孩子成为好的领袖，而不要只是跟着"别人"做。如果在班上有人不听老师的话，孩子必须知道他们不应该学别人，而应该听老师的话。如果孩子个性外向，更要学会尊重别人，完成自己的功课，友善对待别人。

以身作则：孩子在学校的成功与父母的参与度直接相关。你是否积极参与孩子的学校活动呢？这并不表示你必须成为家长会会长，而是说要引导孩子尊重老师，你必须让孩子也看到你尊敬老师。

工作方面

并非所有的工作都是管理型工作。孩子身为员工的时间长于身为雇主。但身为员工也能够展现领导才能。其他同事会观察你的孩子如何处理问题、面对冲突。教导孩子注意自己的态度和行为。

以身作则：在职场上，当你看到不道德的事情时，你的反应如何？即使会引起别人的反应，你是否会坚持自己的信念，而做出对的事情呢？与孩子分享你是如何处理这种状况的。

◗ 亲子体验活动

在家中，母亲通常负责规划并准备每日的餐点。但是，有时候其他家庭成员也应该尝试一下这种规划和准备工作。在规划餐点的时候，好的领袖会以别人的需求为优先。因此在选择菜色、收集食谱、准备采买、准备餐点、餐桌布置和供餐服务方面，都需要时间

与耐心。

每个月，我的两个孩子会负责规划一次餐点、负责煮饭，为全家人供餐。我们从他们九岁时，便开始这样的练习。现在，他们分别是十二岁和十岁，已经有许多次的供餐经验了。

在为家人供餐之前，孩子可以想想以下这些问题：

· 计划的餐点中，需要什么烹调方式？在使用烤箱、火炉、微波炉、烤架时，是否能够请人帮忙？

· 每位家人最喜欢吃的食物有哪些？

· 哪一天最适合全家人一起用餐？

· 如何能够让家人觉得餐点很特别？你有什么创意想法呢？

· 应该如何供餐？你需要帮助吗？

· 应该如何摆饰？虽然菜色是热狗和豆子，摆放方式也是很重要的。

年纪较小的孩子，可能在事先的采买单上，需要父母帮忙。第一次帮助孩子备餐，下一次看看孩子是否能够独立备餐。别忘了要赞美孩子的成就和努力。

10

第10章

时间管理的优势能力

工作、亲子共处、家务、娱乐休闲、教育……每一天，你该如何安排每件事情的优先次序呢？

你知道吗？你的排序答案正好向你的孩子传达出你的价值观，而孩子的时间管理能力正是从家庭开始。

记忆中，父母亲从没有特别教导我如何管理自己的时间。我记得有几次认真地完成学校的报告，但有时我拖延到最后一分钟，才将作业完成。所幸，我懒散的行为并没获得鼓励，我得到很低的分数，我知道这是咎由自取。

　　然而，父母仍灌输我时间管理的价值观。记得在家中，我们有固定的习惯。每天我们都在同样的时间做功课。如果功课没有做完，是不会出去玩、打电话，或是请朋友来家里玩的。电视时间和课外活动，需在我们责任完成后才会安排。每天晚上，全家人一起吃晚饭。星期天绝对是家庭日。即使我们到了青少年时期，有自己的运动或是社团活动，但我们都知道课业永远是放在第一位的。高中的时候，我要求有个兼差工作，父母却不同意。"将来要工作一辈子，"他们说，"没有必要现在就开始。"

　　在我们的生命中，时间是最公平的。每个人一天都同样拥有24小时，我们决定要如何运用每一分、每一秒。我还没有遇见过说时间太多的人。父母特别会敏锐察觉到，时间是如何飞逝而过，快得让人苦恼。孩子一下子就长大，一眨眼就离我们而去了。孩子从父母身上学习如何运用时间，也运用在学校生活及日后的人生。

　　不论我父母的观念是否对你的家庭有助益，每位父母都必须善加利用时间。如果我们对时间没有规划，最后会发现自己疲于奔命，生命没有目的。被动的人和主动的人是不一样的。被动的人消极回应状况，因此他们的生活充满压力。但是，主动的人会规划时间，并且能够将压力减到最低。在《韦氏英语大字典》中，"管理者"一词指

的是"领导企业的人"。要管理时间，而别让时间管理你。

我们在日常生活中，会按着优先顺序处理事情。不论我们是否感觉到，这是每天都会发生的。但是，想要保持领先，须有规划和先见。你越能花时间评估这些优先顺序，就能将时间管理得越好。观察一个人将时间花在哪里，可以看出这个人生命中所重视的事。在家庭中分享这些价值观是很重要的。理想的情况是，夫妻携手迈向共同的目标，而他们每日的选择也与该目标一致。

有些选择比其他选择更为重要。和丈夫刚结婚时，我还是个学校老师。怀了老大之后，我发现两人从未讨论关于孩子出生后的事情。我是否应该继续工作？如果是，是何时？还是我应该待在家里？如果是，经济上能够负担得起吗？这是一个重大的决定，影响非常深远。于是我们一起讨论彼此的价值观，以及新家庭中的优先顺序。我很兴奋地发现，我俩在这方面的看法是一致的。我们的优先顺序竟然是相同的！讨论的结果是，我待在家中，但是这个决定也波及了我们许多其他日常的决定，例如，家庭的收支计划。

确立你的家庭价值观

每个家庭都必须决定其价值观。关键在于家庭成员之间的沟通，以讨论出每个人都同意的价值观。值得共同讨论的部分包括：亲人共处时间、信仰的影响、服务、分享、教育、自然、友谊、财务、诚实、仁慈、责任心，以及自我控制。

不论我们是否意识到，父母都对孩子传达家庭价值观。孩子观察父母花时间、用钱的方式，从中学到什么是重要的事物。例如，孩子知道我喜欢星巴克的咖啡！

你对孩子、家庭的优先顺序是如何呢？如果你从来没有花时间将这些顺序写下来，现在就开始这么做吧！有三个要素必须注意：

学习如何定出优先顺序，考虑新的活动，学会适时拒绝。

虽然你可能没有注意到，但是当你在规划预算或是减肥计划时，可能已经开始运用设定优先顺序的技巧了。在你为家人设定优先顺序时，可以采取以下步骤：

步骤一——将你在一天、一周、一个月内要做的事情，列出一张表。将所有事情写下来，就连洗衣服也要写下来。让好朋友或是熟悉你家庭生活的人来检查，看看有没有遗漏什么事项。你会惊讶地发现，自己其实做了许多事情。

步骤二——逐项比较你所做的事情，与你所设定的家庭价值观是否相符。举例来说，如果你们全家人很"重视"一起吃晚餐，但是你的孩子却在五点半的时候参加其他的活动，一周三次，那么这无法显出你对晚餐的重视。如果你们真地重视一起吃晚餐这件事，就会反对这样做。

步骤三——将不符合全家价值观的活动删除。这会是一个痛苦的过程。但是如果你所从事的活动，无法符合你们所设定（或新设定）的家庭价值观，就应该重新评估，删除某些活动。

步骤四——与孩子共同沟通这些改变背后的原因。孩子必须了解、并且支持这些家庭价值观。如果孩子无法看出家庭价值观的重要性，要训练他们设立优先顺序便有些困难。当孩子决定参加球类活动或是社团时，他们要有能力决定每项活动的价值。

步骤五——努力维护你的时间。有时候你要学会拒绝朋友的要求。有时候，家庭价值在于对家人关怀的行动。将时间留给家庭，这表示你不需要完成别人要求你做的每件事情，尽管是好事也是如此。但你可以考虑这些活动的效果，这将有助于你决定这是否符合价值观。足球、橄榄球、音乐课、青年团体和兼职工作，这些活动都很好。但是，你在时间表上加入新的活动之前，家庭成员必须先考虑他们的动机，以及这项活动对家庭的影响。

善用时间树立榜样

很多人都忽略我们和孩子在一起的时间，是非常珍贵且有限的。你可以好好运用这些时间，为孩子树立一个时间管理的好榜样。你是否总是等到最后一分钟，才将事情完成呢？还是你会事先计划，决定做某件事的时间？鼓励孩子事先规划时间的运用。

孩子若想妥善地管理时间，需要具备什么技能呢？在这个年纪，学校课业时间的要求是他们最大的挑战。大部分的老师会以渐进式的作业，直接或间接地教导孩子时间管理的技巧。但是，老师的时间也是有限的。

以下五个建议，能够帮助孩子成功地管理时间。

1. 制定时间表

如果你的家人都很忙——我知道大部分家庭都是如此——那么是不是有什么方法可以解决这种忙碌的现象，还是你总是忙东忙西，照着别人为你设定的时间表行事呢？学生是孩子的"现职"。将自己的工作做好，应该比任何其他事情都要重要。孩子是否有足够的时间将工作做好呢？今日大部分的孩子活动太多了。但这一切都是选择的问题：是我们自己来决定应该如何运用一天二十四小时的时间。父母应该对孩子想要参与的活动，作出"可以"、"不可以"的决定。如果你的家人太忙，身为"成人"的你可以决定是否要改变这种状况。

帮助孩子维持读书计划最佳的方法之一，是将每天的作业写在行事历或笔记本上。许多学校有自行设计的行事历，就是为了帮助孩子而制作的。

2. 设立合理目标

做好一份读书报告，需要花多少时间呢？要完成科展计划，需要多少步骤呢？鼓励孩子提出一个可如期完成并避免拖延的方案。这个技能不是与生俱来的，执行时，孩子很可能会反抗。然而，当孩子到了星期天晚上十点才因发现明天就要交一份学期报告而心慌意乱，此时，长期规划的重要性再清楚不过了。尽早投入整个过程，帮助孩子规划时间，而不要等到事后才教训他们，甚至是让步，干脆帮他们做报告。

3. 准时到达

当孩子被载到学校时迟到了，这是父母亲的过错！孩子可能在早上时慢吞吞地磨蹭，让父母原本已经很忙的日程，变得更加紧张，若是情况果真如此，父母要决定是否更早起床，如此一来，孩子就不会因拖延战术而迟到。如果孩子必须自行负责准时到校，就需要负担迟到带来的所有后果。但大多数孩子都要依靠父母送他们到学校去，因此这是让孩子学会负责的好时机，并且可以照表操课。老师不会在乎学生为什么迟到，孩子（不是父母）则会因此受罚。准时上学是为孩子将来的工作做准备，因为迟到很可能会让他们丢了工作。

4. 设定、遵守期限

我们都生活在某种期限之下。有些期限是自己加上的，有些期限则是别人设定的。这个夏天，我的两个孩子到祖父母家中度假两个星期，我将厨房的柜子整个重新上漆。我的目标是在孩子回来之前，完成整个油漆工作——这是自己设定的期限。每年孩子的学校都会举办募款活动，孩子以推销杂志订购为校募款。如果孩子选择参加，就必须依校方所设定的期限达成。在各种课程和活动中，有不同的期限。订阅杂志和会员资格都有期限。在大学中，更是有无数的期限。缴交账单有期限，每种工作也都有不同性质的期限。有些人会负责地遵守期限，但是有些人却不会。遵守期限的人有回报（报酬），不遵守期限的人则有后果。

为了让孩子重视时间管理的重要性，父母必须提供孩子机会，让他们尝试达成期限或没达成期限的成功与失败的经验。从小开始，父母必须教导孩子遵守期限的重要性，让孩子学习顺从。父母呼叫孩子时，他们是否会马上过来？孩子是否会立刻在特定的时间内，进行你所交代的任务？你会要他顺从吗？家庭是最初的训练场所，而学校是监督这项技能的地方。等到孩子上大学或是进入职场时，他们会遵守自己订定的最后期限。

想一想有什么方式，可以让孩子有更多的机会练习。在做功课或是家事的时候，可以使用计时器。如果孩子不愿意遵守期限，可以订定奖惩规定。与学校老师一起帮助孩子遵守学校订定的期限。注意是否有报告需要你督导，并帮助你的孩子如期完成。

当周围有人遵守或是没有遵守期限时，可以把握机会教育孩子。讨论这些行为的奖励与后果。下一次，当飞机误点，全家人必须再等待的时候，与孩子讨论当航空公司不准时，会对其他人的生活有不利的影响。星期天一早，当全家人早起，有充裕的时间去教堂做礼拜时，你神采奕奕、没有压力地抵达，与孩子谈谈准备好做礼拜是多么好的一件事。我常常在想，期限是否是世界运转的要素。

5. 善用娱乐

我们的效率会因为时间管理提升或降低。在忙碌与悠闲之间，需要保持平衡。儿童心理专家不断告诉我们，孩子花太多时间看电视。根据"孩子与媒体：新的千禧年"的研究发现，孩子花在媒体上的时间，几乎是整个星期工作的时间。在这份研究中，媒体指的是电视、电动玩具、音乐、电影、书本和杂志，还有网络。"典型的美国小孩，每个星期花超过38小时——每天将近五个半小时——在课业以外的媒体上"。根据这项研究，许多孩子的卧房都有多媒体，家里的电视机在晚餐的时间是开着的。最严重的是，许多大人"不太管孩子如何使用媒体"，对孩子几乎没有任何规范。

媒体的吸引力是很大的——对任何人来说都是如此。但是，孩子会观察父母如何使用时间。当然，在父母设定孩子使用媒体的规则之前，必须严格地检视自己是如何运用媒体的。你是否花太多时间在电视、网络上？我知道自己有些习惯应该改变。你可以藉着消除不必要的影响，来约束自己的媒体胃口。

如果你重视全家人在一起的时间，那么，应该谨记：过度使用媒体绝对会妨碍这项优先顺序。别忘了：要衡量这些行为付出的代价是否与你的家庭价值观相符。

不当管理时间的另一个后果，是不爱运动和营养不良。美国儿童肥胖的问题非常严重。如果我们无法监督孩子在荧光屏前的时间，那么他们可能根本不到户外去！如果我们固定在电视机前吃晚餐，可能会吃得很快而营养不良。限制待在荧幕前的时间（包括电视、电脑、电玩和电影），这只是第一步，接下来就是要走到户外。

或许你很难想象，竟然需要为孩子规划户外游戏时间，但这的确是现今社会的情况。球类活动或是学校的体育课，都不能算是"户外时间"。重要的不只是身体上的活动。户外时间指的是在户外没有任何计划的时间，能够单独或是与朋友做有趣的事情。如果孩子有一辆脚踏车，可以让孩子骑脚踏车。如果你盖了一个树屋或是碉堡，孩子应该花些时间在里面，或是自行修改。当孩子说他很无聊时，告诉他多花些时间，会找到有趣的事情。

学习时间管理需要时间

你家中很可能有个学龄的孩子。因此目前来说，孩子在学校的课业可能是你最关心的事情。在学校的成功，通常也意味着生活上的成功，而我们都希望孩子能够有个成功、充实的人生。随着课业标准越来越高，而学校也不断改革，父母和老师之间必须团结一致，才能让孩子走向成功。

汤姆·乐维斯（Tom Loveless）是布朗教育政策中心（Brown Center on Educational Policy）的主任，他说，"美国的孩子并没有花时间学习课堂以外的知识。"学习需要时间。我们都知道，当学习新技能的时候，需要花时间不断地练习。乐维斯说，"好的政策会有所帮助，但是学校无法独力完成。再多的金钱或立法，都无法改变真正的学习中心：家庭才是惟一最有影响力的地方。"

成功是需要时间的。帮助孩子学习如何管理时间，是父母的职责。父母在以下五个不同的领域中，可以影响孩子如何使用时间：

1. 家庭作业

这是成功的必经之路。一些研究显示，孩子的家庭作业总是不够。

2. 与朋友的社交生活

身为父母，你的影响力必须大于朋友。如果我们希望孩子拥有我们的价值观，就必须花更多的时间与他们相处，而不是让他们花更多时间与朋友相处。当然，在这方面需要有个平衡。

3. 课外活动

如果孩子的活动已经影响他的课业，就应该有所节制。课外活动对于某方面的发展是必要的，但对跟不上步调的学生来说，就太多了。这不是个容易的选择，但是如果剥夺孩子太多读书的时间，是会影响他们未来的成功。

4. 电视

我之前已经提过，关键在于监督和限制，并不需要完全禁止孩子看电视。

5. 兼职工作

青少年容易花太多时间在兼职的工作上。在上课的时候，应该将工作的时数减少。但是青少年会发现，他们无法掌控雇主要求的工作时数，因此，父母要帮孩子找个同样重视他们求学生涯的工作，以便孩子可以好好安排时间。

父母是全家最重要的时间管理者。我们很可能在这方面已大有进展，但是有时我们仍会遭遇困难。父母必须有所节制，表现得像个"大人"，并且学会拒绝。

- 拒绝剥夺家庭时间的活动。
- 拒绝不符合家庭价值观的工作。
- 拒绝过度受媒体影响。
- 拒绝偏离家庭价值观的影响。

时间宝贵，不容浪费。这是惟一我们都拥有的东西。

父母学习时间

每个人都有时间这项礼物，因此每个人对于运用时间都有责任。"管理者"（manager）这个字的拉丁字源为manus，意思是"自己做"。不应该让时间控制你——应该是你控制时间！想一想，下列哪些部分可以改善你的时间管理能力：

· 你是否以身为家庭的一份子来设定优先顺序？
· 你是否大部分的时间都觉得很匆忙？
· 你是否花许多时间接送孩子参与各种活动，比你们在家中的时间还多？
· 你的配偶是否认为他的需求得到满足？
· 你是否在答应要求之前，需要花时间考虑？
· 你是否常常无法在期限内完成工作，或要求延后交差？
· 你是否有时间与孩子一起放松？
· 你是否因为日常工作——像是保持居家整洁——而感到筋疲力尽？
· 你是否愿意作些必要的改变，让生活重拾平衡？

从三方面进行

有效率的时间管理者，对自己和他人都深具意义。能够有效管理时间的人，不会像缺乏效率的人一样，常常有压力。别人可以信任他能够如期完成所托。

家庭方面

期限、到期日和约会占了日常生活中很大一部分。在孩子学会独立工作、为自己设定期限之前，他们必须先学会如何应对别人设定的时间限制。鼓励孩子在遵守期限时，要想到他人的需求。可以奖赏或是处罚的方式，让孩子学会负责。

以身作则：孩子最早接触到的期限经验，是准时归还图书馆的借书。为孩子指出还书的到期日，在家中的日历上标示出来，将借的书放在安全的地方，确认一定要准时归还。如果不这样做，那么要让孩子知道逾期还书会有什么处罚。当孩子长大些，父母可以让孩子自己负责逾期的罚款。归还租借的电影光碟或电动玩具，也可以同样的方式处理。

学校方面

在学校有许多期限要遵守。父母应该要知道小孩的作业或是报告的缴交日期。除非父母教导他们，孩子不会知道该如何来规划自己的时间，以完成指定的作业。

以身作则：如果你是孩子学校的义工，很有可能会有个在期限内完成的任务。让孩子看到你在期限内完成工作。如果你未能在指定的期限内完成，会有什么后果呢？会不会有人大失所望呢？老师是否能够弥补你所没有完成的工作呢？当孩子被指定完成一项作业时，父母可以帮助孩子分配时间来完成它。每日的家庭作业是最好的练习事项。

工作方面

我们常常听到这句格言：时间就是金钱。如果有人迟到，他一定会付出代价。花在工作上的时间，可以赚取工资。如果工作迟到，是要被扣钱的。

以身作则：父母或许可以根据孩子的年龄和能力，付钱让他们做些特别的家务。将各项家务的工资金额贴在冰箱上面，帮助孩子完成工作之后，在最后的一两周，记下做这项工作所花的时间。如果孩子已经有份兼职工作，让孩子告诉你相关的时间表，以便帮助孩子能够守时。一旦孩子有能力设定并遵守个人的期限，父母便可以放手，不必再紧迫盯人。

亲子体验活动

在孩子成长的黄金时间和他们在一起，已成为一项优先事项。然而，亲子之间对于什么是"有意义"的定义，通常不相同。

在最近的一项调查中，美国男孩女孩俱乐部（The Boys & Girls Clubs of America）有以下建议，可以让亲子时间更有意义而令人回味无穷。

F——专注在孩子身上（Focus on children.）

把注意力放对地方是一项挑战。我们太容易因每天的日常所需而分心。花些时间，真正将注意力放在孩子身上，注视他们，确实聆听他们所说的话，这些都是非常重要的。参加孩子的球赛，并且真心观赏。（不要接听手机或是阅读自己的书！）花些时间和孩子在一起，不要有电视或电脑的干扰。

A——问孩子问题（Ask them.）

不需要精心安排什么大活动。通常孩子需要的只是能跟你一起玩要。问问孩子他想要做些什么。你会很惊讶地发现，孩子所要的其实非常简单。

M——有趣味（Make it fun.）

孩子只是想要有趣！你可能会认为去博物馆是寓教于乐的活动——因此是很好的时间运用。但是，你能不能让这件事情变得更好玩呢？无论如何，适时以创意准备晚餐也会是件很好玩的事情。穿上围裙，戴上厨师帽，好好规划时间，让孩子觉得乐在其中。

I——有互动而不要只是观看（Interact don't just watch.）

孩子喜欢父母去观看他们的球赛或表演。但是父母若是能够参与，他们会更加高兴。不要只是去看孩子打棒球——可以在场外与他们练习接球。不要只是去学校看孩子表演戏剧——可以帮助他们记台词，或是写一出亲子可以共同表演的戏剧。

L——聆听（Listen.）

学着停下手边的工作，聆听孩子的声音——真正的聆听。你的孩子说些什么？你从他的态度或行为中，看到了什么？花在聆听上面的时间，永远是值得的。

Y——保持一颗年轻的心（Young at heart.）

找出亲子之间可以一起从事的好玩活动。一起去骑脚踏车、做饼干、做剪贴本、整理花园，或是一起做模型。和孩子一起玩乐，会让你永葆年轻。

第11章

自我评估的优势能力

随着孩子的年龄增长，遇到的问题也会增多。做父母的该如何帮助孩子正确地自我评估，从而排除困难找回信心呢？

我们的小儿子查理开始上五年级的时候，一切看起来都充满希望。这是他在家教育四年之后，回到学校上课的前两周，非常愉快。但到第三周结束时，开始出现了问题。由于我希望能更认识儿子的老师，便在放学后，与儿子和老师在教室门口谈话。

　　"查理是否告诉你们他现在所坐的位子？"老师问道，她的眉毛上扬，希望我能猜一猜其中的含义。

　　"没有，"我说，然后看着儿子，希望得到答案。

　　"我的座位紧邻老师的书桌。"他马上接着说。

　　"他很爱说话。今天，我在台上说话，他也在台下说话。"老师解释。

　　我自己当过老师，知道这是一个大错误！老师在说话时，学生是不应该说话的！当下和老师站在一起的我，感觉自己好像缩小了至少十公分，很不好意思！我试着回想什么时候忘了教孩子这方面的事。同时，我也想象往后的这一年，还会发生什么事情，考验着我们一直细心教导孩子的生活课程。在同侪的压力之下，他们是否能够站稳立场，还是会被席卷而走？

　　两天之后，我去接儿子放学，老师说他是个模范学生，已经让他坐回原来的位置，和其他同学在一起。

　　"我不想坐回原来的位子。"查理尖声回答。

　　"或许你应该思考每个位子的安排，想一想哪个位子不会让你想说话。"我笑着说，试图提供他一个超越原先结果的控制方法。

　　查理想过每个选择，坚定说道，"不，我独自坐在这里会更好，

老师。"

老师和我两个人都无言以对。

后来老师告诉我，查理显然知道自己的优缺点。她说，这是难得的成熟表征。我则不怎么确定。但是在几次直接的谈话之后，我对小儿子更加了解。

"妈，我很容易分心，尤其是被朋友影响。我在班上有太多朋友，所以并没有安全的座位。"他对我解释。

我暗自祈祷，希望这个成熟的迹象不是什么不正常的事，而只是儿子的行为模式。能够自我检视和切实评估自己的能力、缺点，正是他成为有用的人所必备的能力。丈夫最大的希望——同时也是我最大的希望——便是两个儿子能够了解自己，并且根据对自己的了解，诚实度日。

你或许听过，也许你也会对自己说：知觉决定一切。你认为是真理的，至少对你来说，就是真理。因此，你认为自己是怎么样的人（或是将成为什么样的人），你就是那样的人。我在师资培训的课程中，学到且永远不会忘记的是自我预言的力量。在一九五七年时，哥伦比亚的一位社会学教授罗伯·莫顿（Robert Merton）写道，自我预言的产生在于，"从情况的错误定义产生一个新行为，而让原来的错误认知实现"。换句话说，一旦期望出现，尽管这不是一个正确的期望，我们也会将此期待当作真的。结果通常会是，透过积极信念的力量，我们真地出现符合期望的行为。对于孩子来说，最重要的是，在他们使错误认知成为真理前，就相信自己就是真理。

不论好坏，孩子对自我的认知大半取决于别人对他们的看法。身为父母，我们是最早塑造孩子自我认知的"别人"。如果父母说孩子有能力，他们也会如此相信。如果父母说他们没有能力，孩子也会活出没有能力的生命。父母是对孩子最初具有影响力的人，不过其他人也会影响孩子的认知。老师、亲戚、教练，特别是同侪在这方面都扮演着不同的角色。

孩子上五年级时，通常已经到了"逻辑"的发展阶段，而开始质疑别人的期望（请参考第五章）。在这个时期，孩子终于能够区分自己的感觉，而父母也可以请他们将自己的感觉，以文字表现出来，藉此增强他们在这方面的能力。父母可以问，"你觉得挫败吗？""你觉得生气吗？""你觉得困惑吗？"能够明确知道自己感觉的孩子，已经准备好成为一位能够自我评估的人。

了解自己的优缺点

从逻辑上来说，我们越了解自己，便越能够运用我们的才能达到我们的目标。由于我们都以不同的方式学习，拥有不同的优缺点，因此父母需要帮助孩子找出在他们里面，是什么帮助或阻碍了他们的进步。

大部分传统课堂的教导方式，都是从听觉传达讯息。对于以视觉或是身体（触觉）学习的人，要很努力才能学到东西。理想的状况下，教师应该因材施教，但是，在现实上并非如此。如果学生和父母能够了解自己的学习风格，便更能够适应周围不同的环境。

了解自己的学习方法，能够帮助你找出致胜的必要技巧。关于学习风格和多元智能理论的著作，汗牛充栋。想要找出自己的学习风格，最简单的方式，就是分辨你自己与不同学习形态的人互动时听到的抱怨：

·以听觉为主的人，通常会抱怨身体学习者不会聆听。

·以视觉为主的人认为听觉学习者，不注意他们，因为他们不作目光接触。

·身体学习者抱怨听觉与视觉学习者，都是感觉迟钝的人。

你是否曾经在家里听到这些抱怨呢?

孩子需要诚实看待自己的学习方式,并了解需要什么改变,才能有所进步。这并不容易,但是从小事情上尽早开始,他们便能够学到。举例来说,开始问孩子,"这是你最整齐的字吗?"不管孩子是天生聪明或是每个成绩都是努力得来的,他需要能够诚实地认识自己的优缺点,以及自己的天赋。

有些人天生就比别人更能够自省。丈夫说他自己是属于肤浅的人,因此他不去思考自己对事情的感觉。但是,他了解自己的优缺点,也能够让人知道——因此他并不如自己想象中的那样肤浅!他知道自己在习惯上和思想上非常有组织,但是他知道自己没有教导的天分,尽管只是教孩子玩个简单的游戏,亦是如此。最后,他学会了解自己的长处与短处,不会自我防卫。但是,要知道自己的位置,以及需要改进的地方,需要心智成熟才能做到。

如果你从来没有做过多元智能的评量,现在就花几分钟来做吧!在本书最后的附录有这类的评量(附录中也有孩子的多元智能评量)。一旦你了解自己和孩子的优缺点,以及个别的学习风格,便可以找出什么是需要调整之处,以此鼓励孩子加以改进。

能够自我反省

帮助孩子培养写日记的习惯,并且定期和孩子讨论,可以帮助他们学会反省自己做事情的方法和原因。关键在于,要常常与孩子沟通,如此一来,(1)孩子会认为你的意见是"正常的"、没有威胁的,(2)孩子会学到花时间反省是值得的。这样做之后,你会发现孩子越来越有责任感,越来越知道如何改进。小儿子现在已经十一岁了,他最近在一次"家庭会议"中说,他发现自己最好在学校多做一些作业,因为如果他需要帮助,可以直接问老师,所以他的家庭作业变得更少。对他来说，这真是一项大领悟！在自我反省后，大大地改善他上课及做事的行为和态度。

有些人的自我反省是以书写的形式完成，有些人则是采取口头的方式。同样地，孩子的学习倾向，决定了他们喜欢的方法。不要强迫孩子采用你的方式。把每次的家庭会议视为很好的机会，真诚地聆听孩子心中的话，并且提供实际、没有批判的建议。

发现阻碍，并排除困难

在每天的生活中，难免遇上阻碍。有时候，这些阻碍是你无法控制的，但有些阻碍是你可以改变、甚至排除的。可是，阻碍很容易令孩子感到挫折。年幼的孩子对于难应付的困难，第一个反应可能是大发脾气。有些孩子遇到困难时，会选择放弃目标，有些孩子则会固执地向前进，直到困难排除为止。

孩子的性格在很小的时候就已经养成了。九个月大的婴孩，在面对阻碍时的处理方式，可以看出他们是坚持到底或顺从的个性。你还记得孩子学站的时候吗？他还不会走路，当他想要从沙发过去拿四尺远之外的玩具时，他会因为办不到而啼哭吗？还是会跌坐在地上，爬过去拿玩具？

孩子年纪越大，困难也变得更难克服。我的长子是个完美主义者。如果他没有把握一试即成，就宁可不做。有些事情他可以很快速且轻易地完成，但是有些事情——像是骑脚踏车——对他来说就是非常困难的事。当某件事花了比他预期还要久的时间才能学会，我们的鼓励会让他持续尝试。

孩子年纪小的时候，父母可以藉着辨识出困难来帮助孩子。但是当孩子长大到可以自己看出困难之后，自然而然地就会去试着克服困难了。

以下是一个"困难宣言"的清单——包括身体上、心智上和品格上——会使孩子退却。

· 我对这项任务感到害怕。
· 过去我尝试过这项任务，但是失败了。
· 我没有足够时间去完成这项任务。
· 我没有完成这项任务所需的技巧。
· 我没有完成这项任务所需的支持。
· 我没有完成这项任务所需的金钱。
· 我不知道完成这项任务需要什么。
· 我不想完成这项任务。

是不是有什么困难阻碍你去完成某事呢？是什么阻碍了你？也许你想花更多时间运动，也许你的家里不够整洁，也许你的工作并不令你满意，也许与朋友或是亲人之间的关系并不顺利，也许你的债务清偿速度太慢。不论是什么问题，停下脚步，想一想是什么阻碍了你的进展。虽然有许多外在的因素，但是真正阻碍我们前进的，常常是我们内在的原因。我们必须愿意好好看看镜中的自己。

孩子常常不够成熟，无法诚实地看看镜中的自己，因此他们看到的，只是扭曲的自我。记住，这一切都与知觉有关，如果孩子相信镜中所反射的自己是真实的，就不知道那是扭曲的自我。不论他对自己太严苛，或是不愿意严肃面对自己的生活，父母必须帮助孩子从一面清楚、没有扭曲的镜子里看自己。当孩子思考阻碍他前进的因素，便能够有更实际的知觉，也因而能够构思一个合理的行动计划。

提出改进计划

找出阻碍，以及排除阻碍，是两件完全不一样的事情。为了排除困难，我们必须找出改进能力和状况的方法。举例来说，孩子可能会想要参加足球队，却发现自己的能力不足。如果想要克服这个困难，他必须指出自己的弱点，并且订定改善计划。提高学校的课业分数、工作表现，以及改变个人品格，都可以运用同样的方法。父母必须训练孩子能够找出改善的方法。

有时候，父母会希望看到立即的改善成果。父母批判的眼光，会集中在孩子的某项弱点，而且往往会很快地指出来。我非常容易犯这种过错！如果孩子没有完成应做的家务，我会感到挫败，心想"到底要教他几次，他才会完成工作呢"？有位聪明的朋友，解答了我的问题，她说，"维琪，不论要教多少次，你还是得教孩子，这是你的工作。"她说得没错。在我彻底认清真相之后，我振作了起来，重新投入孩子的成长。我之前的问题变为："如果我不花时间教孩子，他们又如何改进呢？"

当孩子面对不完美的自我，父母希望他们能够有所改进。在孩子和我们生活在一起时，父母应该教导孩子如何做，而不是帮他们做这些事情。父母引导孩子有所改变，让他们成为负责任的人，这是对孩子最大的帮助。终有一天，他们会感激你的！

父母可以问孩子以下问题，以加强他们自我反省的过程：

· 如何更快完成家务，然后出去玩？
· 什么可以帮助你在做功课的时候更加专心？
· 我要如何帮助你在早晨时更快准备好到学校？
· 如果想要成为一个好的棒球选手，你需要学些什么？

·帮史密斯太太除草时，如何做得更好，让她下一次愿意再找你打工？

·如何更和谐地与弟弟一起玩耍？

让孩子提出改善的方法，然后支持他们的选择。如果孩子的提议没有效果，可以跟他们讨论其他的替代方案，并且鼓励孩子继续尝试。最终目标是要他们面对挑战，并且能够接受、克服挑战。

父母学习时间

问一问自己下列问题，看一看在自我评估方面可以得几分。"0"表示从不如此，"5"表示经常如此。

1. 我很实际地评估自己的优缺点。

2. 我知道个人的学习风格。

3. 我经常思考如何能够把事情确实做好。

4. 我可以很快看出困难所在。

5. 我希望能够改善自己的品格、人际关系，以及在某些事情上的表现。

6. 我愿意重新评估目前的状况，以检视自己是否在生活里想得到的某些方面，持续成长。

从三方面进行

虽然自我评价常常只牵涉自己，但是其结果却会影响我们周围的人。我们在家中、学校、职场上的表现，以及我们的人际关系，都可以经由察觉、反思我们这方面的能力，而加以改善。虽然不可能达到完美的境界，但是愿意接受建设性的批评，并且想要改善，就能够开始培养这种成熟的习惯。

家庭方面

做家务是帮助孩子学习自我衡量的最佳起点。首先，父母必须训练孩子如何完成家务，接着，父母必须问，"桌子弄干净之后，有没有擦一擦？""你有没有将浴巾从浴室地上捡起来？"一般人可能会认为这是唠叨，不是的！这是注意细节，这是自我评估的必要条件。

以身作则：在你为孩子示范自我评估时，要注意自己是如何完成家务的。在除完草之后，你是否会收拾草屑？吃完早餐之后，你是否会将盘子放在洗碗机里？留意你的做事方式，并且找出可以改善的地方。如果你够勇敢的话，可以让孩子检查你的做事方式。

学校方面

在学校，改进是最主要的目的。孩子学习技巧，而学校测试这些技巧，以达到熟练的境界。父母可以从孩子是否想要有所改进，看出他们对自己的读书习惯是否负责。

以身作则：亲师会议之外，也需要亲子会议。你是否对孩子在校的事情感到兴趣呢？带孩子到特别的地方，好好谈谈。（比方说一边吃美味寿司一边谈，但也可能会让人分心！）以问问题的方式支持孩子——以一种没有威胁性的口吻——像是询问孩子在课业方面，有没有想要改善什么地方。父母与孩子一起想出解决办法，然后让孩子与老师分享这些办法。

工作方面

在职场上，员工评量是很普遍的。不论你是在家工作，或是在一家大公司上班，你的工作表现都会受到评量。你对评量结果的反应，会影响你是否能够成功，也可能让你得到升迁机会或是被解雇。

以身作则：在工作上，你是否定期评量？与孩子分享这些评量程序，让孩子知道父母在工作上想要改进的地方。下回你进行评量时，让孩子知道你的进展。

🌙 亲子体验活动

对学龄儿童来说，成为自信的自我评估者最佳的方式之后，就是让他们评估自己的课业表现。这个活动最好是全家参与，而孩子将会从中获得最多益处。

以下活动，要为孩子建立一个学习档案。需要的东西有：

· 三孔的档案夹
· 分类活页纸
· 孩子的课业内容

以分类活页纸将档案分成不同的学科。如果你选用的是有封面封套的档案夹，可以请孩子自己设计封面，将封面放入档案夹的封套里。

每个星期五固定检查孩子这一周带回家的课业，让孩子自己将这些课业放在档案夹里适当的部分。当你们为这些报告分类，孩子便有机会谈谈他们的作业，以及他们的所学。父母也可以帮助孩子思考，如何能够在某方面有所改进。

选个时间让孩子向其他家人报告他的"学习档案"，最好是每季一次，或是每学年一次。由于报告是以连贯的顺序摆放，父母或孩子都能追踪这一整年的进展。

当孩子学习分享档案时，要确保是在安全的气氛下，家人能够给他关注及鼓励，而非嘲笑或忽视。为了让分享成为一个正面的经验，父母可以带孩子上餐厅，或是在当天晚上准备特别的点心。如果家中不只一个小孩，就要让每个孩子都有个人分享之夜。

如果能够使这种制作、分享"学习档案"成为常规，将可达到以下五种效果：

1. 让孩子知道你重视他们的教育。
2. 让孩子知道你对他们做得如何很感兴趣。
3. 父母逐渐、更深地参与孩子的发展。
4. 当孩子能够追踪自己的进展，便培养出一种目的感和自尊。
5. 孩子能够看到自己的优缺点，这可以促使他们改进。

学习档案是培养自信的自我评估者的最佳利器。如果父母将孩子每年的学习档案保存起来，在孩子长大之后，这将成为有趣的纪念品。

结　语

训练孩子获得成就

你是孩子迈向成功之路的终身教练！——你知道并确信应该如何做吗？

别忘了：父母的角色是要当孩子的教练，让他们成功——而不是他们的监工。如果你并没有特别教导孩子运用这些策略，还是能够以身作则，为孩子开展成功的未来。父母要先了解、并实行这些技巧：这是教孩子运用技巧最重要的部分。

家庭是孩子学习的最佳场所。父母比任何学校更关心孩子的未来，因为没有任何老师可以像父母一样爱孩子。父母面对这些问题前，不要为孩子设定太多改进目标。如果孩子缺乏某方面的能力或技巧，通常是因为父母也缺乏这方面的能力。如果事实的确如此，父母应该每次解决一个问题，并与孩子一起学习新的能力。这会让整个过程非常有趣且具启发性。

父母是孩子迈向成功之路的终极教练，但是父母不应该只是提供孩子遵守的规则，也应该考虑孩子的能力。以爱心、耐心、了解和不断的鼓励，引导并帮助孩子坚持到底。别忘了：教练通常会以身作则，示范新的技巧，然后在比赛之前，指导孩童练习，你也应该如此，以身作则、示范，然后指导孩子培养这些技能。

你是孩子的生命教练——而比赛就是孩子的一生。

附　录

父母 / 孩子的多元智能量表

父母的多元智能量表

据专家指出，人有至少七种不同的智能，因为每个人的背景和年龄不同，发展出的智能也不同。这张表可以帮助你发掘自己的长处与短处。

在符合的描述中打勾，然后将每一项目分数加总，可得知自己在这一项的强度。

1. 语言智能

☐ 书本对我来说非常重要。

☐ 在阅读、说话或写字之前，我可以听到脑海中的字。

☐ 我从广播或录音带中所得到的东西，比电视或电影多。

☐ 我喜欢文字益智游戏，如拼字游戏、字谜游戏等。

☐ 我喜欢以绕口令、打油诗或双关语来娱人或自娱。

☐ 别人通常必须问我文章中、或说话时用字的意思。

☐ 学校的英文课、社会课、历史课——比起数学课和自然课——对我来说较容易。

☐ 在高速公路上开车时，我比较容易注意看板上写的字，而不是路上的风景。

☐ 与人谈话时，我常常会提到自己所读过或听过的内容。

☐ 我对最近写过的文章很自豪，或是这些文章得到别人的重视。

2. 逻辑/数理智能

☐ 我可以轻易在脑海中运算数字。

☐ 在学校，数学或科学是我最喜欢的科目。

☐ 我喜欢玩需要逻辑思考的游戏或谜题。

☐ 我喜欢尝试"如果……会怎么"的实验。（例如，"如果"每个星期我将两倍的水浇在玫瑰花中，会怎样呢？）

☐ 我会在各种事情中找寻模式、规则，或是逻辑。

☐ 我相信，几乎所有事情都有合理的解释。

☐ 有时候，我会以清晰、抽象、非文字、非意象的概念来思考。

☐ 我喜欢在家或工作中，从人们的话语和行为里，找出逻辑上的错误。

☐ 当事物是可衡量、可分类、可分析或可计量时，我会更自在。

3. 空间智能

☐ 当我闭上双眼，常常可以看见清楚的视觉影像。

☐ 我对色彩是敏感的。

☐ 我常常利用照相机或录像机，记录我所见的事物。

☐ 我喜欢玩各样的拼图游戏。

☐ 夜晚睡觉时，我会梦到鲜活的梦境。

☐ 在陌生的地方，我常常可以找到路。

☐ 我喜欢书画、涂鸦。

☐ 在学校，对我来说，几何比代数容易。

☐ 我很容易想象从上方俯瞰事物的样子。

□ 我喜欢有丰富插图的阅读资料。

4. 身体/动觉智能
□ 我固定从事至少一项运动或体能活动。

□ 我发觉长时间坐着不动，是很困难的。

□ 我喜欢可以动手做的活动，例如：锯东西、编织、雕刻、木工或组合模型。

□ 通常在我散步、慢跑，或从事其他体能活动时，会出现好点子。

□ 我需要触摸到东西，才会学到更多的事情。

□ 我喜欢游乐场中云宵飞车之类的刺激游戏。

□ 我会说自己是协调性不错的人。

□ 我需要主动练习一项新技能，而不只是从书上或影片中的说明来学习。

5. 音乐智能
□ 我唱歌的声音很好听。

□ 我可以听得出音乐有没有走调。

□ 我经常听广播音乐、唱片、录音带或镭射唱片。

□ 我会弹奏乐器。

□ 人生中如果没有音乐，会让我觉得贫乏。

□ 有时候我会发现，自己边走路边觉得脑海中浮现音乐的旋律。

□ 我知道许多歌曲或乐曲的旋律。

□ 听到一段音乐一两次，我通常能够还算精确地唱出来。

□ 我常在工作、念书或学新东西的时候，打着拍子，或哼着旋律。

6. 人际智能

☐ 在工作上或在社区里，别人会来找我询问意见。

☐ 我喜欢团体运动——像是羽毛球、排球、垒球，胜过单人活动——像是游泳、慢跑。

☐ 有问题的时候，我会请别人帮忙，而不是试图以自己的方式解决。

☐ 我有至少三位以上的好朋友。

☐ 我喜欢有人互动的娱乐——像是玩大富翁游戏或桥牌，更胜过单独的休闲活动——像是玩电动玩具、单人纸牌游戏。

☐ 我喜欢将所知传授给别人。

☐ 我认为自己是个领袖（或是别人称我为领袖）。

☐ 我在团体中觉得自在。

☐ 我喜欢参与跟工作、教会或社区相关的社交活动。

☐ 我宁愿在晚上参加热闹的聚会，也不想独自待在家中。

7. 个人内省智能

☐ 我经常独自冥想、反省或思考重要的人生问题。

☐ 我曾经参加过心理咨询或个人成长团体，以便更了解自己。

☐ 我能够面对反复的挫折。

☐ 我有特别的嗜好、兴趣，让我保持自我。

☐ 我经常思考人生中的一些重要目标。

☐ 我很务实地看待自己的优缺点（根据各种回馈的管道）。

☐ 我宁可在森林的小屋中度过周末，更胜于去人山人海的度假胜地。

☐ 我认为自己的意志坚强、思想独立。

☐ 我有写日记的习惯，将自己的内心世界记载下来。

□ 我是自由工作者，或是曾经慎重考虑过要自行创业。

总　分

1. 语言_____

2. 逻辑／数理_____

3. 空间_____

4. 身体／动觉_____

5. 音乐_____

6. 人际_____

7. 个人内省_____

孩子的多元智能量表

帮助孩子在适当的描述上打勾，然后将每一项目分数加总，可得知他在这一项的强度。

1. 文字/语言智能

□ 我喜欢说故事和笑话。

□ 我对细琐的事记得很清楚。

□ 我喜欢像填字游戏，以及猜谜语。

□ 我喜欢阅读。

□ 我很会拼字（大部分时间如此）。

□ 在争吵时，我会反唇相讥，挖苦对方。

□ 我喜欢说出、写下自己的想法。

□ 如果必须背诵，我会创造出押韵的语句，来帮助记忆。

□ 如果东西坏了、无法运作，我会阅读说明书。

□ 在团体报告中，我比较喜欢负责写作和上图书馆找资料。

2. 逻辑/数理智能

□ 我真的很喜欢数学课。

□ 我喜欢数学推理的难题。

□ 我认为解决数学问题非常有趣。

□ 如果必须背诵，我会将事件以有逻辑的方式排列，来帮助记忆。

□ 我喜欢了解事物的运作原理。

□ 我喜欢电脑游戏和数学游戏。

□ 我喜欢下西洋棋或玩大富翁。

□ 发生争吵时，我会尝试找出公平并合理的解决方法。

□ 如果东西坏了或是无法运作，我会检查零件，尝试想出它的运作原理。

□ 在团体报告中，我比较喜欢负责制作表格的工作。

3. 视觉/空间智能

□ 我比较喜欢地图，而非写下来的方向指示。

□ 我常做白日梦。

□ 我喜欢摄影之类的嗜好。

□ 我喜欢画图。

□ 如果必须背诵，我会画图表帮助记忆。

□ 只要有时间，我喜欢在纸上涂鸦。

□ 看杂志的时候，我喜欢看图片更胜于阅读文字。

□ 发生争吵时，我会尝试保持距离，安静下来，或是试着看到解决办法。

□ 如果有东西坏了或是无法运作，我会研究图表说明，试图了解其运作原理。

□ 在团体报告中，我较喜欢负责绘制图片。

4. 身体/动觉智能
□ 我喜欢球类运动，最喜欢体育课。

□ 我喜欢像是木工、缝织或是模型制作的活动。

□ 当我看事物的时候，喜欢触摸它们。

□ 我无法长久安静坐着。

□ 说话的时候，我会有许多肢体动作。

□ 如果必须背诵，我会写许多遍，直到我记住为止。

□ 上课的时候，我喜欢以手指头敲打桌面，或是玩弄铅笔。

□ 争吵时，我不是攻击对方，就是离开。

□ 如果有东西坏了或是无法运作，我会玩着零件，试图将东西修理好。

□ 团体报告中，我比较喜欢负责搬动教具，举起道具或是制作模型。

5. 音乐/韵律智能
□ 我喜欢听音乐镭射唱片、广播。

□ 在做事的时候，我喜欢哼着音乐。

□ 我喜欢唱歌。

□ 我能够熟练地弹奏一种乐器。

□ 在做作业或念书的时候，我喜欢放音乐。

□ 如果必须背诵，我会创造出押韵的语句，来帮助记忆。

□ 发生争吵时，我会以某种韵律，大声叫、出拳或移动。

□ 我能够记住许多歌曲的旋律。

□ 如果有东西坏了或无法运作，在想办法的时候，我会以手指头打着节奏。

☐ 团体报告中，我比较喜欢为流行歌曲填上新词，或是尽可能加入音乐。

6. 人际智能

☐ 我和他人相处融洽。

☐ 我是一些社团和组织的成员。

☐ 我有几位好朋友。

☐ 我喜欢帮助、教导其他学生。

☐ 我喜欢团队合作。

☐ 朋友会问我的意见，因为我似乎是天生的领袖。

☐ 如果必须背诵，我会请别人考我，以确保我已经记下来了。

☐ 发生争吵时，我会向朋友或权威者求助。

☐ 如果有东西坏了或是无法运作，我会尝试找人来帮忙。

☐ 团体报告中，我喜欢负责总结的工作，将各个部分组织起来。

7. 个人内省智能

☐ 我喜欢不受打扰，一个人独自工作。

☐ 我喜欢写日记。

☐ 我喜欢自己（大部分的时候）。

☐ 我不喜欢群众。

☐ 我知道自己的专长，也知道自己的弱点。

☐ 我的意志坚强、个性独立，我通常不会人云亦云。

☐ 如果必须记住某事，我会闭上眼睛，感受一下状况。

☐ 发生争吵时，我通常会离开，直到我冷静为止。

☐ 如果有东西坏了或是无法运作，我会想一想是否值得修理。

☐ 如果有团体报告，我喜欢贡献自己独特的观点，通常是以我的感觉为基础。

8. 自然智能

☐ 我注意到周遭环境，以及身边的事物。

☐ 我喜欢在树林里散步，观赏绿树、花草。

☐ 我喜欢园艺。

☐ 我喜欢收集，例如：石头、球卡或邮票。

☐ 长大以后，我不希望住在市区，而希望能够与大自然为邻。

☐ 如果需要背诵，我会先将内容分类，以方便记忆。

☐ 在我们的环境中，我喜欢记住生物的名字——像是花名、树名。

☐ 如果发生争吵，我喜欢将对方比喻成我曾经读过或听过的东西，并以此回应。

☐ 如果有东西坏了，我会环顾四周，找一找有什么东西可以用来修理。

☐ 如果有团体报告，我喜欢将信息组织、分类成有意义的项目。

总分

1. 文字／语言＿＿＿＿＿＿＿＿＿＿＿＿＿＿＿＿＿＿＿＿＿＿＿

2. 逻辑／数理＿＿＿＿＿＿＿＿＿＿＿＿＿＿＿＿＿＿＿＿＿＿＿

3. 视觉／空间＿＿＿＿＿＿＿＿＿＿＿＿＿＿＿＿＿＿＿＿＿＿＿

4. 身体／动觉＿＿＿＿＿＿＿＿＿＿＿＿＿＿＿＿＿＿＿＿＿＿＿

5. 音乐／韵律＿＿＿＿＿＿＿＿＿＿＿＿＿＿＿＿＿＿＿＿＿＿＿

6. 人际＿＿＿＿＿＿＿＿＿＿＿＿＿＿＿＿＿＿＿＿＿＿＿＿＿＿

7. 个人内省＿＿＿＿＿＿＿＿＿＿＿＿＿＿＿＿＿＿＿＿＿＿＿＿

8. 自然＿＿＿＿＿＿＿＿＿＿＿＿＿＿＿＿＿＿＿＿＿＿＿＿＿＿